KB127724

경쾌한 사색자, 개

경쾌한 사색자, 개

초판 1쇄 발행   2020년 9월 10일

지은이   마르크 알리자르트
옮긴이   김미정
편집   김영미
표지디자인   스튜디오 진진

펴낸곳   이상북스
펴낸이   송성호
출판등록   제313-2009-7호(2009년 1월 13일)
주소   10546 경기도 고양시 덕양구 향기로 30, 106-1004
전화번호   02-6082-2562
팩스   02-3144-2562
이메일   beditor@hanmail.net

ISBN 978-89-93690-74-3   (03100)

* 책값은 뒤표지에 표기되어 있습니다.
* 파본은 구입하신 서점에서 교환해 드립니다.
* 이 책의 전부 또는 일부 내용을 재사용하려면 반드시 저작권자의 사전 동의를 받아야 합니다.

이 도서의 국립중앙도서관 출판예정도서목록(CIP)은 서지정보유통지원시스템 홈페이지
(http://seoji.nl.go.kr)와 국가자료공동목록시스템(http://www.nl.go.kr/kolisnet)에서
이용하실 수 있습니다. (CIP제어번호: CIP2020033142)

Chiens

경쾌한 사색자, 개

마르크 알리자르트 Mark Alizart

김미정 옮김

브륀을 위해

루터를 기리며

차례

즐거운 표정의 개. 아메리칸 코커스패니얼.

1

개의 명랑성

개가 인류를 대체하게 되리라는 전망이 나온 것은 제2차 세계대전 직후였다. 미국의 SF 작가 클리포드 시맥은 그의 소설 《시티》에서 끝없는 무리한 전쟁으로 인류는 사라지고 동물만 살아남은 세계를 그렸다. 그중에서도 개는 특별한 운명의 동물로 등장한다. 개들은 점점 인간처럼 말을 하게 되고 고기를 먹지 않게 되며 결국 수천 년이 흐른 후 지구를 지배한다. 개들이 지구를 지배하게 되자 만물이 평화롭게 조화를 이루며 어떤 분쟁도 발생하지 않는다.

개를 인간보다 못한 존재로 생각하던 사람들은 시맥의 미래주의적 가정을 접하고 놀라움을 표할 것이다. 동물이 인류를 대체한다는 가정은 받아들인다고 하더라도, 개보다는 '원숭이가 지배하는 지구'가 더 그럴듯하게 느껴지기 때문이다. 반면 개를 깊이 사랑하는 사람이라면 시맥의 가정을 별 놀라움 없이 받아들일지 모른다. 개를 기르는 사람들은 반려견과 흔치 않은 동지애를 경험할 뿐만 아니라 종말론의 시대에 필요한 두 가지 귀한 미덕이 개에게 있다는 점에 동의한다.

첫째, 개는 극한 상황에서 굉장한 적응력을 보인다. 개는 최소한의 환경, 자원이 극도로 부족한 상황에서도 살아남는다. 어디에서든 어떻게든 잠을 자고, 어떤 환경에도 적응할 줄 알며, 원하는 이들과 잘 지내고, 조용히 고통을 참아낸다. 개의 두 번째 특징은 놀라운 섬세함이다. 섬세함 없는 힘은 폭력이 된다. 그런데 개들은 천성적으로 아이들에게 순하고 인간을 잘 참아내며 다른 동물들과도 원만하게 지낸다. 즉 개는 진정한 지혜를 가진 동물이며, 이제 스스로를 표현할 말을 배우기만 하면 된다.

개의 특징 중 하나인 극한 상황에서의 적응력은 수천 년의 역사를 거치면서 강요되었을 가능성이 크다. '개 같은 인생'이라는 말은 꿈에 그리던 인생을 가리키지 않는다. '개 같은 날'은 망쳐버린 날을 이른다. '개처럼 죽다'라는 말은 고약하게 죽음을 맞이한 것을 말한다. 엄격한 관점에서 종의 진화를 들여다보면 개는 자연계에서 고아처럼 유리된 별종이다. 공격성이 적고 몸집이 작거나 겁이 많은 늑대들은 무리에서 쫓겨나 떠돌아다니면서 먹잇감을 탈취하며 사는 법을 배워야 했다. 오랜 세월이 흘러 그 늑대들은 먹이를 찾아 인간이 사는 곳으로 흘러들었는데, 해로운 부랑자 취급을 받으며 쫓겨나거나 잡아먹혔다. 이후 인간이 '주인'으로 등장해 적보다 훨씬 흉포하게 무리에서 유리된 늑대들을 가두어놓고 조련하는 과정을 통해 개로 길들였다.

하지만 개는 이 모든 모욕을 그저 감내하지 않았다. 동일한 상황에서 다른 동물들(가축으로 길들인 서커스단 동물들 혹은 하이에나 같은 야생동물)처럼 순응하거나 서서히 고통을 느끼며 죽음에 이르지도 않았다. 오히려 개는 본연의 특징을 완화해 부드럽게 진화한 것으로 보인다. 개는 자신의 운명을 일종의 초연함으로 즐겁게 받아들였는데, 이를 느낀 감각이나 원인에 대해서는 극한 상황의 적응력에 비해 수수께끼로 남아 있다. 개는 어떤 상황에서든 진심으로 스스로 즐거워하는 법을 터득한 것처럼 보인다. 베르나르 퐁트넬의 말을 뒤집어서 인용하자면, 일종의 '존재의 용이성'을 증명함으로써 말이다.

물론 세상에는 불행한 개도 있고 신경질적이거나 소심한 개도 있다. 하지만 가장 학대받았던 동물이 개라는 것을 잊지 말아야 한다. 개들은 어지간한 주인만 만나도 태양을 향해 자라는 해바라기처럼 언제나 즐거움을 향해 돌진한다. 개는 침착함으로 세상에 대항하는 동물이다. 침착함의 깊이에서 바틀비(허먼 멜빌의 소설 《필경사 바틀비》의 주인공으로 거의 말을 하지 않는다—옮긴이)에 뒤지지 않는 그 유명한 드루피(디즈니 만화 캐릭터로 눈이 처진 강아지—옮긴이)는 "있잖아요, 난 행복해요"라는 캐치프레이즈를 통해 그러한 침착함을 잘 표현한 바 있다.

개가 누리는 즐거움의 기적을 이해하고, 가능하면 그로부터 배우기 위해 이 책을 쓰기 시작했다. 인류 최악의 미래를 두려워한 시맥의 예견이 현실이 되거나, 머지않아 '개처럼' 살아가는 법을 배워야 하는 상황이 도래하리라는 생각이 꽤나 가능해 보이기 때문이다.

1906년, 실험에서 희생된 갈색 테리어종 개를 기리는
동상이 런던에 건립되었다.

2

군림당하는 동물의 수치심

이른바 개의 '회복력'을 이론적으로 설명하려는 시도가 그간 수도 없이 쏟아져 나왔다. 그중 가장 호의적인 설명은 개는 어떤 짜증스러운 상황에서도 명랑함을 유지하는 완벽한 백치 같은 동물이 틀림없다는 것이다.

딩고, 플루토, 스쿠비두, 스투피드(미국 소설가 존 판테가 쓴 책에 등장하는 개 이름—옮긴이) 등 견종에 상관없이 개는 대중문화 속에서 주로 행복한 백치로 소개된다. 그들은 루소가 말한 "고귀한 야만" 혹은 복음서의 "마음이 가난한 자는 복이 있나니"라는 구절에 나오는 '마음이 가난한' 자와 비슷한 지고의 행복 상태에서 사는 듯 보인다.

반면 샤를 페로의 동화 속 주인공이 '장화 신은 개'가 아니라 고양이인 것, 《여우 이야기》(12세기경 고대 프랑스어로 정리된 동물 설화문학의 대표작—옮긴이)에 나오는 여우 '르나르', 디즈니 애니메이션 주인공인 '미키마우스'의 사례를 보라. 우리가 자신과 동일시하고 싶어 하며 좋아하는 동물은 날쌔고 교활하며 능숙하다. 그들은 최악의 상황에서도 늘 빠져나갈 방법을 찾아낸다.

루이스 캐럴의 《이상한 나라의 앨리스》에서 환상적인 동물들은 체셔 고양이와 3월 토끼다. 《정글북》에서는 코브라 카아와 사자, 소, 독수리, 황소 같은 힘이 센 동물들이 나오는데, 이들은 그리스도의 사도를 상징한다. 《늑대개 화이트팽》의 주인공도

실은 늑대에 가깝다. 국가의 상징 동물로 개를 내세우는 나라는 없다. 프랑스 동부의 상징은 갈루아 수탉, 러시아는 곰, 볼리비아는 콘도르다. 처칠은 불독을, 영국 여왕은 코기를 키웠음에도 영국인들은 사자를 선호한다.

물론 몇몇 예외는 있다. 린틴틴(저먼 셰퍼드 종의 개로, 제1차 세계대전 중 미국 군인 리 덩컨에 의해 구출되었다. 이후 여러 영화에 출연하며 유명해졌다—옮긴이), 래시(미국 소설에 등장하는 암컷 콜리의 이름—옮긴이), 밀루(만화 시리즈 〈땡땡의 모험〉의 단짝 강아지로 품종은 폭스테리어다—옮긴이)는 하나같이 꾀바르고 영웅적인 훌륭한 개로 보인다. 개의 경우가 아니고서는 백치 같은 기질이 결코 덕목으로 받아들여지지 않는다. 개들의 절대적 충성심은 맹목적 복종으로 치부할 만한 것이 아니다. 우리는 마약상들이 경찰에 맞설 목적으로 데리고 다니는 몰로스 개를 무턱대고 찬양하지 않는다. 로맹 가리의 소설 《흰 개》에 나오는 '흰 개'가 흑인을 공격할 때에도 잘했다고 하지 않는다. 우리는 맹목적인 복종을 신뢰하지 않는다. 맹목적으로 복종하는 개에 대한 형편없는(그야말로 개처럼 조악한) 묘사는 심지어 개들의 짜증을 불러일으킬 수도 있다. 어리석음을 너그럽게 받아들이기 시작하면, 과잉된 열정이 오히려 거부감을 키우는 경우가 왕왕 있다.

개에 대한 또 다른 설명은, 개가 지능은 있지만 고귀한 동물은 아니라고 보는 입장이다. 라퐁텐은 교훈적 우화 〈늑대와 개〉에서 개가 바보는 아니지만 자격은 없는 동물이라는 메시지를 설파했다. 집에서 기르는 고양이가 주인에 대해 독립성을 보이는 것과 달리 개는 단호히 자유를 포기하고 죽 한 그릇에 자유를 팔아먹은 동물로 묘사된다. 이 이야기는 개를 비열한 이미지로 만들었다. 고기 한 점을 지킬 힘이 없어 애걸복걸하는 동물, 이유 없이 말을 안 듣는 '반항자'로 묘사했다. 집에서 키우는 동물이지만 그야말로 조그마한 심부름꾼이자 하인으로 보는 것이다. 개를 사랑한다고 하면서도 개에게 부당하게 덧씌워진 '충성심'을 찬양하는 이들은 알아야 한다. 이러한 상황에서 개는 그저 뼈다귀를 주인으로 따를 뿐이다.

최악의 설명은 개들이 지배당하는 것을 즐긴다고 하는 최근의 주장이다.

'개'라는 단어가 거의 모든 문화권에서 모욕으로 받아들여지는 이유는 멀리서 찾을 것도 없다. 서구 문명에서 중요한 상징의 보고로 꼽히는 성경에서 왜 모든 짐승을 칭찬하면서도 개만 빼놓았을까? 이에 대해서는 개가 족장의 권위 아래 포섭되지 않을뿐더러 그 질서를 완전히 뒤집거나 더 나아가 전복시키기 때문이라고 유추할 수 있다. 개는 '전도되다'라는 은유를 품고 있다. '암캐'라는 단어는 늘 음란한 여성이나 창녀를 일컫는다.

예전에는 개에게 렉스나 프린스라는 이름을 붙여주는 것이 유행이었다. 19세기에 프랑스에서 가장 인기 있는 개 이름은 비스바르크였다. 이전에는 수많은 개들이 터키라고 불렸다. 존경의 의미를 담아 붙인 것은 아니었다. 권력으로 인한 불안을 쫓기 위해 다른 권력자를 네 발 달린 동물 취급하거나 '여성화하는' 방식보다 더 효과적인 방법이 있을까? 동시에 자신의 미니어처인 개를 지배하는 것보다 더 '복종을 즐기는 자신'에 대한 불순한 욕망을 즐길 수 있는 효과적인 방법이 있을까? 우리는 과거에 누린 화려함이나 전쟁의 광기 또는 야만 같은 것을 개에게 요구한다. 그렇게 스스로의 두려움을 웃으며 넘기게 되고, 더욱 말하기 힘든 방식으로 계속 불순한 욕망과 환상을 채운다.

개의 의미와 가치를 회복하는 작업이 시도되었음에도 불구하고 안타깝게도 개는 거의 혜택을 받지 못하고 있는 것 같다. 개에게 피할 수 없는 약점이 있기 때문이다. 개는 자신을 괴롭히는 학대자라 해도 그를 사랑한다. 자기 권리를 내놓으라고 요구하는 법이 없다. '진심으로' 족장의 질서를 따르는 동물인 것이다. 그런 탓에 동물의 권익을 옹호하는 사람들에게도 개는 무척 미묘한 위치를 점하고 있다.

질 들뢰즈는 다큐멘터리 〈질 들뢰즈의 A to Z〉에서 개를 혐오한다고 고백했다. 그는 인간과 동물의 관계를 재평가하기 위해 다양한 시도를 했으며, 그가 모든 짐승을 부르는 다정한 어휘가 하나 있었다. 그것은 들뢰즈의 책부터 그의 친애하는 동료 야콥 폰 윅스퀼의 책(국내에서는 윅스퀼의 주저 두 권을 《동물들의 세계와 인간의 세계》라는 제목으로 합본해 출간했다―옮긴이)에 이르기까지 등장하는 '늑대 무리'라는 단어다. 들뢰즈에 따르면, 그 늑대 무리의 울부짖음은 "동물의 군림당함에 대한 수치심"을 드러낸다.

동물 보호 단체 내에도 개에 대한 견해 차이가 있다. 물론 이들은 모두 동물 학대나 방치를 예방하고 동물을 보호하기 위해 모였다. 19세기 런던에서 무료 의료실험에 희생당한 개를 기리는 조각상이 세워졌다. 이 '갈색 개'는 이러한 대의명분을 위해 싸우는 역사적 증인이다. 하지만 개가 인간과 더불어 자신들이 지키던 동물 무리를 학살하는 데 맹렬하게(그것도 아주 신이 나서!) 가담한 일들이 왕왕 있었으므로, 개로 인한 비자발적 희생 동물과 개가 동등한 자격으로 보호받는 것은 어려워 보인다. 극단주의자들이 그러했듯이, 엘리제 르클뤼나 미하일 바쿠닌이 그랬듯이, 주인의 보호로부터 '자유로워져야' 한다고 말할 가능성이 있을지 모르겠다. 마치 개들을 비참한 상태로 살아가도록 강요해서는 안 된다는 듯이 말이다.

개에게 주인이 있다는 사실, 동물 중에서는 유일하게 예속 상태를 사랑한다는 사실에 대해서는 변호하기 힘들어 보인다.

개의 명랑성, 개가 느끼는 쾌락은 이런 의미에서 수수께끼인 동시에 사람들의 눈살을 찌푸리게 만드는 추문과도 같다. 인간은 더 많은 것을 인식하기 위해 수고하고 자유를 쟁취하기 위해 노력하는 것을 존엄한 행위라고 생각하므로, 개의 명랑성을 충격적으로 받아들인다. 하지만 개라는 존재는 우리 인간을 어떤 지점으로 인도할 수 있지 않을까? 인간 고유의 존엄의 근원을 다른 곳에서 찾도록 말이다. 만일 그것이 장점이 아니라면, 예를 들어 은혜에서 찾는 것은 어떨까?

조르주 바타유는 모든 심오한 즐거움은 추문을 몰고 온다고, 왜냐하면 진정한 즐거움은 정확히 "죽음으로부터 삶까지 이르는 동의"이기 때문이라고 했다. 즐거움을 전하는 성경의 '복음'서도 당시 굉장한 파문을 일으켰다고 한다. 종교개혁도 그러했다. 은혜의 속성이 무상(無償)인 것에서 알 수 있듯이, 개의 명랑성은 최고의 신비, 성스러운 신비의 영역에 속하는 것이 틀림없다.

기원전 1세기 폼페이의 개조심(*Cave Canem*) 모자이크,
나폴리 국립 고고학박물관.

3

시리우스

개가 실제로 불가사의한 동물이며 최고의 동물이라는 점을 고대인은 한 치도 의심하지 않았다. 어느 문명을 막론하고 사람들은 '개를 신으로 모시며' 숭배하고 두려워했다.

고대부터 개의 상징인 시리우스가 우리은하에서 가장 밝은 별이자 여름의 큰 가뭄을 예고하는 별이었다는 사실만으로도 이를 알 수 있다. 수천 년간 하늘엔 '큰개자리'(Canis Major)라는 장관이 펼쳐졌으며, 7월 말경이면 지평선 위로 떠올라 거대한 사냥꾼인 오리온성좌의 발아래 있는 걸 볼 수 있다. 큰개자리 바로 앞으로 토끼가 달아나고(토끼자리), 비둘기가 날아오른다(비둘기자리). 그 위로 작은 개(작은개자리) 한 마리가 깽깽대며 다른 별자리들을 쳐다본다. 건너편에선 거대한 황소자리가 등장한다.

천공의 세계에 펼쳐진 거대한 밤의 장관, 이를 목격했을 때 얼마나 압도적인 인상을 받았을지 생각해보라. 동굴 암벽에 그려진 벽화나 신화 이야기는 대부분 이를 '설명하려는' 노력의 결과물이다. 동굴 천장에는 각양각색의 동물들이 원을 그리며 그려져 있고, 성좌의 순서대로 배치된 곳도 있다. 개는 오리온으로 보이는 궁수 옆을 지키고 있는데, 이는 아득한 옛날부터 개가 '인간의 가장 가까운 친구'였다는 사실을 반증한다.

《일리아드》에 나오는 아카이아인과 트로이인의 전투는 성좌 간 전투다. 전쟁의 위계질서는 천체의 위계를 그대로 모방한 것이기 때문이다. 고대 그리스 최고의 전사인 아킬레스는 마찬가지로 가장 빛나는 별인 천랑성, 즉 시리우스와 연결된다. 《일리아드》의 스물두 번째 노래에서 아킬레스는 "오리온의 개"이며 "다른 인간들에게 열병을 불러오는 불길한 징조"로 묘사된다.

기원전 3세기의 책 《천체의 배치》(*Catasterismi*)에는 그리스어 '시리우스'가 '열렬한/불타는'의 의미를 갖고 있으며, 큰개자리의 진짜 이름이 대장간의 신이자 시리우스의 첫 번째 주인인 헤파이토스의 '불덩어리'[곧 라이라프스(*Laelaps*, 뒤쫓는 것은 무엇이든 잡을 수 있는 운명을 타고난 사냥개—옮긴이)]라는 내용이 나온다. 로마인들이 '작은개'(*canicula*)라고 부른 개의 별(시리우스)은 이런 이유로 강렬한 열의 상징이 되었다.

플리니우스는 저서 《박물지》(*Natural History*)에서 이렇게 말했다.

"천랑성에 대해 말해보자. 천랑성이 떠오를 때 태양의 타는 듯한 열기를 내뿜는다는 걸 누가 모르겠는가? 지구상에서 가장 강력한 영향을 지닌 별이다. 천랑성이 뜨면 바다가 요동치고, 지하 저장고 속 와인이 술렁이며, 고여 있던 물이 요동친다."

천랑성이 개들에게 어떤 영향을 미쳤다는 추정도 가능하다. 다음 문장을 보자. "개들도 이러한 시간의 간격에 굉장한 영향을 받았다." 이 일화를 보면 악타이온(그리스 신화에 나오는 사냥꾼.

여신 아르테미스가 목욕하는 것을 훔쳐보다 사슴으로 변해서 자신의 사냥개에게 물려 죽었다—옮긴이)은 자신이 기르던 개들에게 잡아먹혔다고 한다.

폼페이의 집 현관들에는 '카브 카넴'(*cave canem*)이라는 글귀가 적힌 것을 볼 수 있다. '개를 조심하라!'라는 의미다. 디오게네스는 자신을 견유학파[犬儒學派, 키니코스 학파(*Cynics*)라고 하는데 'cynic'은 '개'(canine)에서 나온 말로, 개와 같다는 뜻이어서 견유학파라고도 한다—옮긴이)라고 생각하지 않았다. 그는 개에게 관심이 없었으며, 그가 경멸한 것은 인간이다. 그는 대부분의 인습과 믿음이 잘못된 것이라고 밝히며 시민들과 충돌을 일으켰고, 견고한 사회 질서를 무너뜨리려 했다. 그는 그리스의 아름다운 시테 한복판에 나타난 '개를 데리고 다니는 펑크족'의 시조라 할 만하다.

개를 제물로 바쳐 별들을 잠잠히 만드는 풍습도 있다. 그리스에서는 매해 7월 25일 시리우스가 떠오르면 개를 죽여 제사를 지낸다. 로마에서는 천랑성 축제의 시작을 기념하는 '푸리날리아'에서 숲의 여신 푸리나에게 적갈색 개(불을 상징)를 바친다.

그런가 하면, 역으로 개를 존중하는 이는 누구라도 존중을 받는다. 개를 길들이는 조련의 학문인 '사냥술'은 고귀한 학문이다. 매 세기에 모든 대륙에서 사냥술을 기록한 책이 발간되었다. 아리스토텔레스와 플라톤은 사냥개와 사냥에 대해 토론을 벌이기도 했다. 그리스의 위대한 역사가 크세노폰 역시 기원전 4세기에 사냥술 개론을 썼고, 1400년경 명망 높은 가스통 3세도 사냥술에 대한 책을 썼다.

최초로 중요한 저작으로 평가되는 또 다른 책은, 개의 별이 나오는 인도 고대의 산스크리트 대서사시 《마하바라타》다. 인도의 가장 성스러운 신화로 꼽히는 이 책의 초반에 왕자들이 작은 개 한 마리를 때리는 장면이 나온다. 그 개는 위대한 개의 여신 '사라마'(Canis Major)의 소유였고, 여신은 끝없는 전쟁을 벌이며 '작은개자리'(Canis Minor)의 복수를 요구하는 내용이 펼쳐진다. 반면 《마하바라타》의 결말은 개에게 정의가 실현되는 것으로 마친다. 책의 끝부분에 이르면 죽음의 순간을 맞은 정의의 왕 유디스티라가 인드라 신의 수레에 올라타는 걸 거부한다. 그는 인생의 마지막 순간까지 자신과 동행한 옴 걸린 개와 같이 갈수 없다면 수레에 올라타지 않겠다고 한 것이다. 인드라가 그럴수 없다고 하자, 유디스티라는 천국에 들어가는 걸 거부한다. 자기 영혼의 순수성을 입증하려 했던 그때 바로 신 중의 신 다르마가 개의 모습을 하고 나타난다. 책은 이 고난에서 승리한 유디스티라가 영원한 생명을 얻었음을 알리며 끝난다.

4

개와 늑대 사이

개들이 불가해한 존재라는 사실이 그들에게 하나의 보편적 권력을 부여한다. 바로 개가 망자의 영혼을 인도하는 신성한 존재가 된 것이다.

힌두교에서는 시간의 신이자 시계의 지배자, 그리고 죽음의 주인인 칼라바이라바의 발아래 개가 함께 그려져 있는 걸 볼 수 있다. 이집트 신화에서 개의 형상을 띤 아누비스의 임무는 고인이 된 파라오가 지상에서 보내는 마지막 순간까지 그의 영혼과 동행하는 것이다. 이 성스러운 개는 지옥의 여신인 이시스와도 관계가 있으며, 이에 대해 이집트인들은 시리우스, 즉 천랑성과도 연결 지어 생각했다. 천랑성은 프로키온이라는 작은개자리와 연관이 있기 때문이다. 고대 그리스인들에 따르면, 죽음의 여신이자 봄의 여신인 페르세포네를 지옥문 앞에서 감시한 머리가 여러 개인 개 케르베로스도 마찬가지 의미다.

어떤 이들은 썩은 고기를 먹는 하이에나 같은 짐승과 개의 동족성에서 개와 죽음 사이의 연관성을 설명하기도 한다. 반면 아즈텍 문명의 갯과 신 홀로틀(Xolotl, 솔로틀이라고도 함. 죽음을 관장하는 신—옮긴이)은 우리에게 다른 관점을 제공한다. 홀로틀의 모델인 털 없는 검은 개 멕시칸헤어리스도그(홀로이츠퀸틀/솔로이츠퀸틀)가 하이에나와 닮기는 했어도, 그것의 역할은 지하세계 믹틀란으로 인간의 영혼을 인도하는 제식 기능만 있지는 않았다.

홀로틀은 쌍둥이를 지키는 보호자이기도 했다. 다시 말해, 죽음의 신이라기보다 '신-개'라고 할 수 있는 홀로틀은 쌍을 이루는 죽음과 삶, 이 둘 사이에서 대립되는 극성과 대칭되는 극성 사이를 통과시켜주는 신이다. 그렇다면 개에게서 드러나는 눈에 띄는 변증법적 성질, 반은 늑대이자 반은 사람, 반은 야생에 속하고 반은 문명화된 성질은 당연해 보인다. 개는 두 세계에 한 발씩 걸치고 있다. 이 둘을 봉합하는 장소에 속해 있다. 알렉산드리아의 신전 곳곳에서 보이는 헤르메스의 몸에 아누비스의 머리를 가진 혼합주의의 신 헤르마누스처럼, 개는 중재자이자 메신저다.

헤시오도스에 따르면, 케르베로스는 머리가 둘 달린 오르토스와 형제지간이다. 그리스어로 케르베로스는 '얼룩', 오르토스는 '일치된'이라는 의미를 갖고 있다. 둘은 단순성과 복합성이라는 쌍을 이룬다. 중국과 일본에서 불교 사원과 신도(神道, 1945년까지의 일본 국교―옮긴이) 사원은 전통적으로 쌍둥이로 보이는 두 마리 개가 지키고 있었다. 일명 '한국 개'라고 불리는 '코마이누'가 그것이다. 한 마리는 입을 연 채로 '아'를 발음하고 있고, 다른 개는 입을 다문 채 '음'을 발음한다. 둘은 함께 승려들이 내는 세상의 시초의 소리인 '엄'을 발음한다. 다시 말해 코마이누 두 마리는 세계의 알파와 오메가가 합쳐진 것이다. 그들은 세상의 시작과 끝을 이루고 있다.

　더 나아가 그들은 개 '내부의' 이중성을 드러낸다. 이것은 시리우스가 우리에게 알려준 것이기도 하다. 대부분 이 개는 실제로는 사자에 해당한다. 하지만 개와 사자는 동일한 동물 내의 양극성, 음과 양을 표현한다. 불교 전설에는 싯다르타의 곁을 지키던 시추가, 주인이 위험에 처하는 즉시 '눈사자'로 모습을 바꾼다는 일화가 전해온다(사자는 이후 티베트의 상징 동물이 되었다). 또 다른 중국 전설은 떠돌이 개들이 사람이 다니는 통행로에 곡식 알갱이들을 떨어뜨림으로써 농업(문명화)이 시작되었다고 전하기도 한다.

　개의 명랑성에 대해 조금이나마 파악하게 되었을 것이다. 서로 적대적인 세계를 오가며 자유롭게 활동하기 위해 개는 즐거움이 필요했던 것이다. 개는 문화와 자연, 낮과 밤, 삶과 죽음을 가르는 장벽에 구애받지 않으며, 서로 다른 존재를 이해한다. 개는 길들여지는 과정을 수치스럽게, 즉 자신이 그저 비굴하고 악한 백치가 된다고 받아들이지 않는다. 길들여짐은 개의 지위를 빼앗지 않는다. 반대로 그것은 장벽을 건너는 초자연적 힘을 부여한다. 개는 변질된 동물이 아니다. 고대인의 눈에 개는 계층을 넘나드는, 어디에도 분류되지 않는 동물이다. 그렇기에 우리는 개를 존중해야 한다. 인도의 사회적 성인 힌드라처럼 말이다.

개는 삼라만상의 중심이 되어 균형을 잡아주는 존재다. 어떤 방해를 받든, 화재로 초원이 다 타버리는 것처럼 문명 가운데 그어떤 야만적 위협이 확산되든 상관없이 그렇다.

개의 명랑성을 '온전히' 파악하기까지는 아직 갈 길이 멀다. 우리의 존재를 앞서 인식한 개는 어쩌면 세계에 대해 일종의 예의 바른 무관심으로 대하고 있는 것인지도 모른다. 개의 세계를 이해하려면 보다 심층적인 접근이 필요하다.

호위견이나 경찰견으로 많이 활동하는 도버만 핀셔.

5

성 크리스토퍼

개를 다룬 위대한 고대 신화들에 심층적으로 접근하는 일은 만만치 않다. 오늘날 연구나 문헌은 주인의 죽음을 미리 감지한 개의 능력을 다루는 정도에서 벗어나지 못하고 있다. 신문기사에는 일 년에 한 번꼴로 이런 얼빠진 머리기사가 실린다. "발광하던 개가 주인을 물어뜯는 일이 발생했다!" 그 옛날 악타이온의 전설이 되풀이되고 있다는 듯한 어조다.

고대 이후로 개는 무궁무진한 변화를 거듭해왔다. 어떤 의미에서는 개가 인간화되었다고 볼 수 있다. 사실 원시시대 개들은 그야말로 괴수에 가까웠으며, 오늘날 카네코르소(강인하고 근엄한 인상을 주는 이탈리아의 경호견—옮긴이)처럼 전투견이나 군견으로 최전방에서 적을 공격하는 역할을 했다. 개가 한 번 물어뜯는 것만으로도 멧돼지를 갈기갈기 찢어놓을 수 있었다. 당시에는 길들여졌으나 야만성을 완전히 잃지 않은, 부드러운 동시에 위험한 개의 이중성 문제가 훨씬 첨예하게 제기되었다. 마음대로 길들인 비숑프리제가 익숙하고 입에 거품을 물거나 배에 옴이 옮은 개는 찾아보기 힘든 오늘날의 상황과는 달랐다.

이에 앞서, 우리 인간도 놀라우리만큼 변화를 거듭해왔다는 점을 짚고 넘어가야 한다. 천체·죽음·자연에 대한 인간의 관점과 관계맺음은 과거와 완전히 다른 양상을 보인다. 고대와 현대 사이에 일신교라는 획기적 변화가 있었기 때문이다. 정확히 말하자면 그 옛날 생과 사의 문턱을 지키던 개의 역할을 일신교가 담당하게 되었다. 케르베로스는 타르타로스(지옥 아래의 밑바닥 없는 못―옮긴이)에 입성하기도 전에 성 베드로로 교체되었다. 유일신이 세계를 운행하는 유일한 존재가 되었다. 예수는 그리스의 영웅들처럼 죽었지만 죽음 이후 부활했다. 그런데 유대교가 개를 숭배하던 고대 종교를 전적으로 흡수하여 그 자리를 대신함으로써, 유대교 스스로 이교로부터 승리하지 못한 것은 아닌지 의아한 부분이 있었다. 오히려 고대 종교가 더욱 확실한 방식으로 유대교를 점거하고 만 것이다.

이러한 추론은 전혀 터무니없어 보이지 않는다. 히브리인들은 애굽, 곧 이집트로부터 탈출했다. 바로 그때부터 그들은 유일신(*Adonaï*, 아도나이, 성경의 하나님을 부르는 이름 중 하나―옮긴이)을 따를 수 있었다. 그러나 그들은 동시에 과거에 어울리던 애굽의 모든 궁중 대신, 특히 이시스와 아누비스도 데려갔다. 예수, '유대인의 왕'인 예수가 하늘과 땅, 생과 사의 중간을 이어주는 중재자라면, 이시스와 아누비스는 죽음에 대한 임무를 맡은 사신이었던 개들의 먼 조상이다. 예수 역시 동일한 이유로 '유대인의 왕'이라는 멸시를 받았다.

이러한 전조는 다양한 설화나 전설로 민간 기독교에 그 흔적이 남아 있는데, 그중 중요한 것이 성 크리스토퍼다. 옛날에는 개의 머리를 한 사람들이 존재했는데, 이들을 직접 본 사람들은 경악을 금치 못했다고 한다. 그들 중 하나가 리키아(자칼이 여기 출신이라고 한다)에 살았는데, 그는 '신의 버림을 받은 사람'이라고 불렸다. 그는 자신보다 힘이 센 최고의 주인을 찾아 헤맸다. 그러던 어느 날 그는 예수를 만나게 되었다. 예수는 개의 얼굴을 한 그를 두려워하지 않았고 강을 건너는 것을 도와달라고 요청했다. 그는 자신의 기괴한 얼굴을 보고도 전혀 두려워하지 않는 예수가 가장 위대한 존재임을 알아차렸고, 예수를 등에 태워 강을 건너준 덕분에 크리스토퍼라는 이름을 얻었다(이는 그리스도를 옮겨준 사람이라는 의미다). 그는 예수를 도와준 덕분에 인간의 몸을 얻게 되었다. 바로 그가 개의 얼굴을 가졌다. 이는 모든 신화에서 성 크리스토퍼의 전설이 어떤 불가사의를 이해할 수 있는 이유를 제공한다. 바로 자칼들이 개로 변하고, 위험한 야생동물들이 다정하고 순종적인 동반자로 변화하는 불가사의에 대한 이유 말이다.

성 크리스토퍼의 얼굴이 개였다는 이 전설은 몇몇 고대 교회들, 특히 정교회에서 받아들여졌다. 우리는 이로부터 세례 요한을 떠올리게 된다. 크리스토퍼는 예수가 강을 건너는 걸 도와줬고, 세례 요한은 강에서 예수에게 세례를 주었으며, 아누비스는 지하세계로 건너는 상징인 물속에서 자신의 영혼을 정화했다.

세례 요한은 참수형을 받았으며, 아누비스는 머리를 잃는 대신 자칼의 머리를 얻었다. 세례 요한은 여름이 끝날 무렵 순교했고, 아누비스는 한여름에 뜨는 천랑성이다. 아누비스, 요한, 크리스토퍼 모두 한 가지 일을 했다. 요한과 크리스토퍼가 그리스도를 예고한 것처럼 아누비스도 예수를 예고했다. 물론 예수는 복을 주는 존재이며 인격화된 기쁨이다. 그리스도는 과거 시리우스였던 밤의 태양이며, 의심할 바 없이 작열하는 별이다.

그레이하운드, 빼어난 다리 힘을 자랑하는 충성심이 강하고 대담한 개.

6

인간이 신에 속하듯 개는 인간에게…

성경에는 개가 등장하지 않으며, 나올 때는 으레 모욕적인 상징을 의미한다고 앞서 말한 바 있다. 예외가 한 번 있었다. 단 한 번의 장엄한 장면에서 개가 호의적인 존재로 기술되었는데, 바로 출애굽기 11장 7절이다("그러나 이스라엘 자손에게는 사람에게나 짐승에게나 개 한 마리도 그 혀를 움직이지 아니하리니 여호와께서 애굽 사람과 이스라엘 사이를 구별하는 줄을 너희가 알리라 하셨나니"—개역개정본). 애굽에서 파라오의 노예로 살던 이스라엘 백성들은 모세의 인도로 애굽에서 나와 도망치던 중 한 무리의 개들과 마주친다. 개들이 짖으면 애굽 군대에 잡힐 상황이다. 개가 짖지 않아야 살아남을 수 있다. 에마뉘엘 레비나스는 그의 책에서 이 통과의 장면을 상세히 설명했다. 그의 표현대로라면 놀랍게도 "한밤중에 빛을 본 듯 마비 상태"가 개들에게 엄습한 것으로 보인다. 성경에는 "개 한 마리도 그 혀를 움직이지 아니하리니"라고 기록되어 있다. 새로이 등장한 하나님의 선지자들 앞에서 개들은 스스로 지워지기를 선택했다. 그들은 증언하지 않음으로써 '증인을 보내주기'로 했다고 봐야 하지 않을까. 슈무엘 요세프 아그논은 문자 그대로 "이스라엘의 피를 핥는 자"라는 뜻의 발락이라는 개를 주인공 삼아 책을 썼다. 그는 분명 이 사건으로 인해 개가 유대민족의 상징적 동물이 될 수 있었고, 이 경우 개를 상징 삼은 유일한 민족이 되었다고 말했을 것이다.

이슬람의 코란도 동일한 사건을 기록한다. 코란에는 성경의 출애굽기에서 명백히 영감을 받은 것으로 보이는 '에페소스의 일곱 명의 잠자는 사람'이 나온다. 최악의 상황에 처한 일곱 사람은 그들을 뒤쫓는 군대를 피해 동굴에 은신처를 마련한다. 그때 키트미르(얼룩개)라는 개 한 마리가 그들을 따라온다. 그들은 개가 짖어서 군대에게 들킬까 봐 걱정하지만 반대로 키트미르는 사람처럼 말을 하더니 그들에게 충성을 다짐한다. 일곱 명의 젊은이는 개의 보호를 받으며 잠이 드는데, 이후 태음년 300년이 지나서야 잠에서 깬다. 그들은 개의 보호를 받아 무사히 천국으로 들어간다고 나온다. 이런 일화가 있음에도 하디스(마호메트와 교우들의 언행록—옮긴이)는 이슬람 문화 속에 뿌리 깊이 박힌 개에 대한 불순한 명성을 덧씌운다.

엄밀히 말하면, 여기에서 바로 이러한 질문이 제기된다. 당시 개는 무슨 이유로 혐오감을 불러일으키는 동시에 우스꽝스러운 존재가 되었을까? 개는 왜 서구의 설화에서 사라졌다가 불순한 동물, 즉 맹목적으로 복종하는 무질서의 상징을 띠고 다시 등장했을까?

이에 대한 답을 구하려면 생각해야 할 문제가 있다. 개는 자신이 차지했던 자리와 문화로부터 동일한 이유로 배제되었다. 카넴 데우스(canem deus, 개-신)가 등장했으니 카니스 파밀리아리스(*canis familiaris*, 개)는 물러나야 한다는 것. 일신교가 대두되면서 헤겔의 '절대자로서의 주인'은 더 나아가 우리에게 '한 마리 개처럼' 전적인 복종을 바칠 것을 요구했다. 아브라함은 신의 은총을 받기 위해 신에게 복종해야 한다. 그리스도인은 복을 받기 위해 그리스도에게 순종해야 한다. 이슬람인은 알라에게 순종해야 한다. 다신교에서는 신들 이상으로 기지를 발휘하는 인간들이 넘쳐나지만, 일신교에서는 신자가 작은 책략이라도 꾸미는 걸 허락하지 않는다. 유일신이 원하는 것은 자신의 자녀들이 두려움을 내려놓고 속죄의 희생양이 된 예수 그리스도의 행위를 기억하며 신의 보호 아래 완전히 자신을 내맡기는 것이다. 신앙은 그것을 중심으로 세계의 역사가 돌고 도는 새로운 경첩과도 같은 것이다. 신을 믿되 특히 신뢰를 가지며, 자기 자신을 온전히 내려놓아야 한다(라틴어로 '신뢰'는 *con-fide*다).

개와 인간, 신, 이들의 사랑하고 미워하는 행위, 서로를 닮은 경쟁 관계는 이런 식으로만 전개된다. 인간이 신에 속하듯 개는 인간에게 속할 것이다. 인간은 개의 '신이자 주인'이 된다. 개를 지키고 보호하는 것은 인간의 소관이며, 역은 성립하지 않는다. 개의 바보짓을 용서함으로써 인간이 자기 자신을 용서하는 방법을 발견하고, 신에게 사랑받고 싶은 대로 자기 자신을 사랑하면 더 좋을 것이다. 그러려면 개는 우스꽝스럽고 땅딸막**해야 한다.**

그렇지 않을 경우 주인은 상대적으로 자기 자신을 성인으로 생각할 수 없게 된다.

역으로 인간은 우리의 주인 역할을 했던 개를 원망하기도 한다. '신의 역할을 한 개'에 대한 분노를 현실의 개에게 앙갚음하는 것이다. 개는 사람에게 복종하며 순수하고 비굴한데, 가끔은 신성하기까지 하다. 개의 믿음은 자신을 참을성 있게 정복한 결과가 아니라 본성에 속하는 것이다. 개는 기독교적 미덕을 체화한 동물로서, 무의식적으로 그런 미덕을 소유하고 있다는 점에서 더욱 완벽하다. 개는 신뢰(*fido*)다. 개는 단지 충성스러운 동물이 아니며, '신뢰를 받아 마땅한' 동물이다.

모든 개는 본래 '좋은 개'라는 점은 인간이 '나쁜 개'라는 사실을 일깨워준다. 우리는 은총에 거하지 않고 법망 속에 거하기 때문이다. 우리 인간이 주인의 마음에 들려면 상당한 노력이 필요하지만 개는 노력이 필요하지 않다. 이런 관점에서 볼 때, 개를 때리는 행위는 개가 자신보다 훌륭하다며 개를 탓하는 것과 같다. 인간은 개가 잘못된 행동을 하거나 물어뜯도록 몰아가고, '나쁜 개'가 되도록 부추긴다. 자기 자신이 나쁜 사람이라는 죄책감에서 벗어나기 위해 그렇게 한다.

얀 반 에이크, "아르놀피니의 결혼", 런던 내셔널갤러리.

7

비밀을 전수하라

일신교가 절대적인 영향을 미치기는 했지만, 고대로부터 내려온 개에 대한 상징을 완전히 지워버리지는 못했다. 서구 문화에서는 마치 '개의 비밀을 전수하라'는 요청이 있기라도 한 듯이 다양한 방식으로 그러한 상징이 드러났다.

무엇보다 기독교 성화에서 그 두드러진 점을 찾을 수 있다. 15세기부터 명화 여기저기에 작게 그려진 개들이 눈에 띄기 시작했다. 그림 속에 표현되기도 했고(얀 반 에이크가 그린 〈아르놀피니의 결혼〉에는 독일 양치기 개인 슈나우저가 보인다), 종교 주제를 담은 성화일수록 수태고지나 예수 수난도, 참수형을 당한 성인들의 발아래 개들이 보였다.

알브레히트 뒤러의 그림에서 개는 하나의 서명에 가깝다. 채찍질 당하는 예수의 그림과 요한계시록의 장면을 담은 여러 판화에는 포르투갈 워터독이 나온다. 매번 머리를 제외하고 몸의 털이 짧게 깎인 '사자 형태의 술잔'을 내세우고 있는데, 이는 예수의 왕권을 상기시키기 위한 것이다. 뒤러의 "연구하는 성 히에로니무스"에도 발아래 포메라니안과 바로 옆에 사자가 보인다. "성 에우스타키오" "기사, 죽음, 악마"에서도 사냥개들이 보인다. 뒤러는 이처럼 여러 차례에 걸쳐 자신의 작품에 개의 흔적을 남겼는데, 헝가리안 그레이하운드가 자주 나왔다. 수심에 빠진 천사 바로 옆에서 자던 바로 그 개 말이다.

알브레히트 뒤러, "연구하는 성 히에로니무스"(위), 뉴욕 메트로폴리탄미술관.
"기사, 죽음, 악마"(아래), 베를린 시립미술관.

개와 우울은 중세와 르네상스 시대의 흔한 클리셰를 형성한다. 로버트 버턴의 책 《우울의 해부》(*The Anotomy of Melancholy*)에서 '고독'의 장을 장식하는 그림에 그레이하운드가 나온 것만 봐도 그렇다. 그 개는 고대 이교도가 부여한 존재의미를 박탈당하고 떠돌아다니는 영혼이 된 것처럼 보이며, 그 전설적 명랑성을 이미 잃어버렸다. 점성가들은 이제 개를 시리우스가 아닌 토성과 동일시한다.

그런데 당시 우울은 부정적인 감정이 아니라 존중받는 감정이었다. 지식인과 예술가, 신비주의자들의 영혼을 대변하는 감정이었기 때문이다. 1350년경 몽펠리에의 로슈 같은 성인들 바로 옆에는 개들이 있었다. 1250년, 그레이하운드는 리옹의 교구에 속한 마을에서 성 기니포르라는 이름으로 성인 반열에 오르기도 했다.

단테는 《신곡》에서 유명한 전설을 언급하는데, 그것은 바로 다음의 사건에서 영감을 받았다. 〈지옥편〉 1곡에는 그레이하운드가 '늑대 암컷'을 벌한 후 인류를 해방시키게 되리라는 이야기가 나온다. 이 예언의 숨은 의미는 당시 비밀리에 부칠 수 없었다. 그 의미는 이러하다. 늑대 암컷은 로마의 상징이며, 악으로 부패한 교황청은 '바빌론의 창녀'다. 단테가 515라는 숫자를 연결시킨 그레이하운드는 로마숫자로 DVX라고 적혀 있는데,

이는 '공작' 또는 '순종의 짐을 진 왕자'라는 의미다. 이런 관점에서 보면 뒤러가 그레이하운드를 그린 것은 수긍이 간다. 즉 종교 개혁가 마르틴 루터가 95개조 반박문을 통해 직접 바티칸 궁을 구원할 것이라는 뜻이다. 더 단순하게 보면 뒤러의 자화상은 개신교로 개종했다는 의미이며, 그레이하운드처럼 자신의 집안도 헝가리 출신임을 드러낸다.

엄밀히 말하면, 루터는 개를 무척 사랑했고, 초기 프로테스탄트들이 그랬듯이 개에 대해 경멸하는 마음은 전혀 품지 않았다. 심지어 루터는 개에 대해 세 가지 흥미로운 언급을 했다고 한다. 먼저 개는 신이 인간에게 허락한 가장 귀한 선물이며 그리 흔하지 않은 종으로 인식될 것이라고 했다. 두 번째는 개가 그리스도인에게 믿음의 표본이 된다고 했고, 세 번째로 개도 천국에 들어간다고 했다. 루터 자신도 톨펠이라는 이름의 작은 포메라니안을 키웠는데, 톨펠은 독일어로 '얼빠진'이라는 뜻이다. 그는 자기 개를 종종 '작은 조수'라고 부르기도 했으며, 이것이 그의 이야기에 나온 첫 번째 멍멍이다.

위대한 그리스도인 중에는 개를 자처한 인물도 있었다. 바로 성 도미니크다. 그의 어머니는 그를 낳기 전 흑백의 무늬를 가진 개를 낳는 꿈을 꾸었다고 한다. 그 개는 입속에 세상에 빛을 가져다줄 횃불을 갖고 있었다. 성 도미니크는 '진리의 세계를 껴안는'

그 개의 이미지를 따라 살기로 결심했다. 그가 설립한 도미니크 수도회의 질서는 그러므로 '도미니-카니스'(*domini-canis*)의 질서로 이해해야 한다. 즉 '신의 개들'이라는 뜻이다. 명화 속에서 성 도미니크의 이마에는 시리우스를 암시하는 것으로 보이는 별 하나가 찍혀 있다. 그는 이집트의 불가사의와 그리스도교 중간에 있다.

'최후의 만찬'을 주제로 그림을 그린 파올로 베로네제는 여기서 더 나아간다. 그는 예수님의 왼쪽 전경에 사냥개 한 마리를 그렸는데, 그것이 마치 주인공인 것처럼 그렸다. 전혀 종교화 같지 않았던 이 그림은 종교재판에 회부되었다. 베로네제는 개를 뒤로 빼라는 요구를 거절했지만 결국 작품명을 '레비 가의 향연'으로 수정해야 했다.

도그 드 보르도, 프랑스 마스티프 품종으로 가장 오래된 품종 중 하나.

8

개가 우리를 길들였다

19세기 초 철학의 대의명분 중 하나는 '종교로부터의 탈피'였다. 개의 은총으로 회귀하고자 하는 경향은 철학에 빚진 부분이 많다. 마르크스는 사르트르처럼 "모든 반공산주의자는 개다"라는 명제에 동의하지 않았다. 그 역시 '위스키'라는 이름의 개를 포함해 세 마리나 개를 키웠기 때문이다. 엥겔스는 자기 개를 독일어로 '이름 없는'이라는 뜻의 '나멘로센'이라고 불렀다. 그들은 혁명을 스스로 큰 희생을 치러야 하는 것으로 간주하지 않았다. 일신교를 뛰어넘는 가장 좋은 방법은 고대에 보편적으로 개가 누렸던 권리를 복원하는 것이었다.

무신론자 찰스 다윈도 마찬가지로 개를 열광적으로 좋아했다. 그는 평생 다섯 마리의 테리어(니나, 스파크, 핀쳐, 셰일라, 폴리)와 리트리버 한 마리(밥), 스피츠 한 마리(스노), 포인터 한 마리(대쉬), 그리고 대형견인 스코티시 디어하운드(브랜)를 키웠다. 다윈이 관심을 가진 건, 사육자들이 많은 개 중 한 마리를 선발하는 작업(유전적 성격의 계승)과 더 나아가 마치 고대 이교도들이 그러했듯 자연(본성)과 문명의 경계에 다리를 놓는 개들의 놀라운 능력이었다.

엄밀히 말해 진화론은 개를 둘러싼 신화를 해석하는 새로운 관점을 허락해주었다. 특히 개를 길들인 것을 진화의 역사에서 단순한 사건, 나아가 생명의 계보도로부터 떨어져나온 사건만으로 볼 수 없다고 의문을 제기했다. 그것은 오히려 정복을 위한 전략적 진화라는 주장이었다. 생물학자 스티븐 부디안스키가 유머러스하게 말했듯이, 그에 대한 답은 질문에 있다. 지구의 옛 지배자로 군림했던 것은 늑대인 반면 현재 번성하고 있는 것은 수억 마리의 개다.

부디안스키는 기생하며 살아온 의존적인 종들과 동일한 방식으로 개가 진화했다고 보았다. 개에 관한 최근의 선사고고학 연구들은 늑대와 개의 DNA 비교에 기반을 두고 있는데, 어느 순간 개가 등장했음을 보여준다. 우선 30만 년 전에 늑대의 한 종이 초기 늑대로부터 떨어져나갔다. 호모사피엔스가 등장한 시기와 거의 비슷한 시기였다. 이 최초의 개는 세계의 수많은 촌락을 돌아다니며 살던 떠돌이 개들과 매우 유사했던 것으로 보인다. 최초의 개는 덩치 큰 쥐와 마찬가지로 인간이 먹고 남은 찌꺼기를 얻어가기 위해 인간의 주거지에 접근했다. 처음에는 그런 식으로 받아들여졌다. 그리고 사냥개 무리는 인간의 새로운 영역에 늑대들이 접근하는 걸 막는 역할을 했기 때문에, 오늘날 반려동물처럼 개의 장점들이 부각되었다.

기원전 35000년 전, 초기 인간의 무덤에서 개가 함께 발견된 사실은 의존적 관계에서 공생의 관계로 한 발자국 나아간 것을 보여준다. 개는 매력적인 장점들, 특히 인간의 마음을 끄는 특징을 발전시켜온 것이다. 동시에 자신에게서 늑대의 공격성을 드러내는 신호들을 완화시켰다. 예를 들어 개는 입술을 말아 올리며 이빨을 드러내는 행동을 하지 않았다. 개는 문자 그대로 자신을 행복한 바보로 만든 셈이다. 이 특징을 어떻게 해석해야 할지 여전히 불명확한 부분이 많지만 개의 조심성이 성공의 주된 요인이 된 것은 확실하다. 개가 **우리를 길들인 것이다.** 우리가 개를 길들인 것이 아니다.

개는 인간의 홍채를 두른 하얀 '공막'을 관찰함으로써 심지어 인간의 의도를 유추하는 법을 배웠다. 오스트랄로피테쿠스에게 나타나는 이 공막은 눈동자가 움직일 때 시선의 방향을 알려준다. 전체적으로 색깔이 있는 눈에 비해 효율적으로 시선이 향하는 곳을 파악할 수 있다. 동시에 개는 위험을 감지할 줄 아는데, 시야에서 멀찍이 떨어져 있던 자신의 동족(늑대 등)이 갑자기 출현하는 걸 금방 알아차린다. 이는 살아남기 위한 투쟁에서 명백한 강점이다. 이밖에도 인간을 제외하고, 개는 무언가를 알려주기 위한 표식을 이용할 줄 아는 유일한 동물이다. 우리가 관찰해온 결과 그렇다(원숭이도 이런 능력은 없다). 더 놀라운 것은 개가 이 능력을 다른 개들과 협상하는 데 사용하지 않는다는 점이다. 일부 개들이 공막을 효율적으로 사용하긴 하지만, 그들의 눈꺼풀은 과도하게 열려 있어 놀라울 정도로 인간의 얼굴과 비슷해 보인다.

인간과 개가 함께 진화해왔다는 것이 종합적인 결론이다. 각자 서로에게 이득이 되는 면을 발견한 것이다. 인간은 개에게서 어떤 수단을 발견했고, 그것을 이용해 약탈자로부터 스스로를 더 효과적으로 방어하고 그들을 쫓아낼 수 있었다(어떤 이들은 네안데르탈인들이 사라진 것은 개를 통제하지 못했기 때문이라고 생각한다). 개의 관점에서는 정해진 시간에 따뜻한 밥과 비바람을 피할 수 있는 안식처를 발견했다. 뱅시안 데스프레가 언급했듯이, 인간과 개는 지적인 영역을 공유하기에 이르렀다. 인간이 원숭이의 후손이라는 말은 개의 후손이기도 하다는 말이다.

치와와, 개 품종 가운데 가장 작은 종류다.
멕시코 치와와 주에서 이름을 따왔다.

9

반려종 선언

미국 철학자 도나 해러웨이는 저서 《반려종 선언》(*The Companion Species Manifesto*)에서 인간과 개의 공동 진화론을 내놓았다. 플라톤주의와 일신교의 전통으로부터 내려온 자연과 문명, 땅과 하늘, 주인과 노예 간의 구별을 재검토해야 한다는 주장이었다.

해러웨이에 따르면, 일신교는 우리에게 인간/동물, 신/피조물의 고정된 정체성이 존재하며 더 나아가 이 둘 사이에 일정한 관계가 형성되어야 한다고 상상하게 한다. 그런데 그 관계가 종속이라는 혐오를 만들어내는 고리가 된다. 개는 용도에 따라 양쪽의 지배를 받으며 이 틀 안에서 필연적으로 일종의 사고할 수 없는 존재가 된다. 존재론적으로 헤맬 수밖에 없는 처지다. 종교라는 맥락에서 보면 인간도 그렇다. 인간이 항상 하늘보다 땅의 것에 치중해 있거나 땅보다 하늘의 것을 추구하면, 하늘과 땅 사이에서 자기 자리를 찾지 못한다. 그는 자연을 증오할 것이고, 마찬가지로 문명을 증오할 것이다. 결국 자기 자신을 증오하는 것을 멈출 수 없게 된다.

해러웨이는 전혀 다른 점에 주목했다. 개는 우리로 하여금 스스로를 언제나 복합적인 존재, 인공장기를 갖고 태어난 존재, 두 얼굴을 가진 존재, '길들여진 자연'과 '야만의 문명'라는 두 속성을 가진 유일한 완전체로서 생각하도록 이끌어주는 존재라는 것이다. 결과적으로 해러웨이는 굉장히 이교적인 방식으로, 금기시되던 개의 새로운 몸을 치켜세운다. 그 몸 안에서 문명과 자연, 사이보그와 동물, 기생하는 존재와 숙주가 특별히 '길들임'이라는 과정을 거쳐 만들어진다고 보았다. 해러웨이는 이 '길들임'을 찬양했다.

철학에서는 길들임을 우리 본연의 자기중심적 상처를 상기시키는 힘든 과정으로 본다(과거에 길들임이 매우 야만적 방식으로 행해졌기에 나온 말이다). 그런데 생각해야 할 지점이 있다. 우리는 소리를 지르거나 때려서 개를 길들이지 못한다. 보상이나 칭찬을 해주거나 개를 안심시킴으로써만 가능하다. 무엇보다 개를 관찰하는 과정이 중요하다. 길들임은 인간이 아닌 개에게 속한 것이기 때문이다.

개에게 질서를 부여하거나 간식을 주는 것으로는 길들일 수 없다. 개가 어쩌다가 적합한 행동을 했을 때 그에 대한 보상으로 간식을 주는 것은 효과가 있다. 개가 자발적으로 자리에 앉게 하려면 어떻게 해야 할까? '앉다'라는 단어와 앉는 행위 사이에 즐거운 연결고리를 만들어내기 위해 개에게 보상을 해주면 된다. '앉다'라는 단어와 앉는 행위 사이에 원인과 결과를 만들어내려면 끊임없이 반복하는 수밖에 없다. 다시 말해 개를 길들인다는 것은 신체에 어떤 경험을 부여하는 것이며, 자연(본성)이 작동하는 방식대로 이루어져야 하는 일이다. '아래에서 위로' 이루어져야 한다. '위에서 아래로' 명령하듯 되지 않는다. 그것은 개 자체가 되는 일이어야지 인간을 개로 만드는 일이 아니다.

　그러나 문명과 자연 사이의 공유를 취소하는 것만으로 충분할까? 문명과 자연은 해러웨이의 도식에서 언제나 선행되어 존재하며, 그렇게만 작용한다. 일신교에서 그것은 단지 땅과 하늘을 분리시키는 것을 그만두는 문제이다. 길들임의 문제인 것이다. 이교도와 일신교는 이러한 관계 하에서 보면 동일하며, 바로 그렇기 때문에 서로 손쉽게 역할을 치환하거나 각자의 관습을 교환한다.

　물론 해러웨이의 관점은 옳다. 인간과 동물 어느 한쪽이 먼저 존재하는 것이 아니다. 둘 사이의 차별된 핵심이 있는 것도 아니다. 인간과 신도 마찬가지로 보인다. 무엇보다 인간은 다른 동물과 마찬가지로 동물이다. 그런데 그러한 인간이 동물로부터 스스로 분리되려면, 동물이 **자기 자신과** 분리되는 과정이 선행되어야 한다. 동물이 둘로 나뉘어야 한다. 인간은 하나의 동물에서 진화한 동물일 수 없다. 인간은 두 동물이 맺은 관계의 산물이어야 한다. 인간은 언제나 자기 자신으로 존재하지 못했지만 개는 이런 '인간'과 달랐다. 이 점을 생각해볼 때, 개에 관한 결정적 사실과 불가사의한 비밀, 그 모든 것은 단지 개가 **자신**

의 주인을 발명하기 위한 것이었다고 할 수 있지 않을까?

체서피크 베이 리트리버, 미국이 원산지인 온순하고 총명한 대형견.

10

보라, 이 개로다!

생물학자들은 다채로운 방법론을 시도해 인간의 탄생과 나아가 생명의 탄생을 둘러싼 다양한 수수께끼를 설명하려고 노력한다.

당구대 위에서 당구공들이 각기 다른 방향으로 굴러다니는 상황을 상상해보자. 어떻게 보면 이 당구대는 원자들이 충돌하는 초기의 무질서한 혼돈 상태로 볼 수 있다. 당구대 위에 큐대를 가로질러 놓아본다. 당구공들은 멈추지 않고 충돌하며, 공이 큐대를 건드릴 때마다 큐대가 동일한 방식으로 그 충격을 흡수한다. 다시 말해 큐대는 각 당구공의 무질서한 에너지를 흡수하며, 연속 에너지의 형태로 방출한다. 연속 에너지는 모든 당구공이 가진 에너지의 총합보다 더 크다. 일종의 기계식 집게를 이용해 이 에너지를 추출해 사용한다고 가정해보자. 그러면 집게는 당구대 위의 공의 운동을 조절하고, 원래의 방향과 다른 쪽으로 몰아가거나 멈추거나 심지어 '무질서한' 당구공들을 뒤적이고, 다른 한편으로는 '길들여진' 당구공들의 개인 보유를 늘릴수도 있다. 하나의 시스템은 이렇듯 혼돈 상태로부터 생겨난다. 호메오스타시스적 균형, 즉 생물체의 항상성을 유지하는 것은 당구공들의 무질서한 에너지를 끌어오거나 당구대를 가로막는 큐대를 사용해 그들의 에너지를 전환함으로써 가능해진다.

이 초보적인 사고 실험에서 생물학자들은 생명체가 하나의 막에서 탄생했다는 결론을 이끌어냈다. 즉 막이 다른 것으로부터 일부분을 차단하거나 걸러내며, 이를 통해 혼돈 상태의 시스템은 질서정연하게 변한다. 혼돈 상태에서 생명이 출현한 것과 동일한 방식으로 자연 상태에서 문명이 출현했다고 가정한다면, 동일한 종류의 막이 개입했다고 볼 수 있다.

동일한 실험으로부터 우리는 개가 이러한 막의 역할을 했다고 가정한다. 개는 인간을 위한 하나의 피부다. 그것은 두 번째 피부 혹은 인간의 **최초의** 피부였다. 외적 한계가 오히려 대조를 이루어 인간을 한 사람의 인간으로 만드는 내면을 정의하도록 해주었다.

궁극적으로 개가 지닌 충성심의 감각은 신앙에서 파생된 형태가 아니다. 일신교보다 더 본래적인 믿음이며, 심리학이나 신, 인간조차도 배제한 믿음이다. **분자 차원의 충성심**이다. 충성심은 연결고리를 만들어낸다. 충성심은 사물들이 함께 있도록 해준다. 충성심은 열을 따르며, 줄을 당기며, 하나의 막을 그린다. 막을 그리는 방식에 대해 구체적으로 말하자면, 원자간 전자기적 관계 덕분에 당구 큐대는 딱딱한 성질을 갖게 된다. 일반적으로 개는 자신의 동족을 포함해 모든 것을 연결하고 함께 있도록 하는 동물이다.

사람과 달리 개는 다른 개들과 있을 때 품종이나 키나 나이를 전혀 신경 쓰지 않는다. 이런 개들의 모습을 지켜보는 일은 언제나 즐겁고 흥분된다. 개의 충성심은 본질적으로 하나가 되고, 세계에 대항해 성벽을 세우고, 자연의 야만성을 흡수하여 **부드러움의 형태로 복원해준다.** 안 뒤푸르망텔은 개가 스스로를 위한 '부드러움의 힘'을 갖고 있다고 주장했다. 존재론적인 관점에서 개는 위대한 개혁자다.

프란시스코 고야, "개", 스페인 프라도미술관.

11

개의 시간

개에 대한 지그문트 프로이트의 사랑은 유명하다. 그는 여러 마리의 개를 키웠으며, 턱에 생긴 암의 통증을 이겨내는 과정에서 가장 의지가 된 것 역시 개들과 나눈 우정이었다. 프로이트는 마리 보나파르트의 개로 잘 알려진 차우차우 종도 키웠는데, 톱시라는 이름의 그 개도 턱의 암으로 고통받았다고 한다. 물론 톱시는 언제나 프로이트에게 큰 힘이 되어주었다.

프로이트는 "우리가 톱시나 조피 같은 동물에게 이루 말할 수 없이 깊은 애정을 갖는 이유"에 대해, 그것이 "양가감정 없는 호의이며, 견디기 힘든 문명과의 투쟁에서 해방되어 삶을 단순하게 만드는 원동력이고, 완벽히 자기 자신으로 존재하는 것의 아름다움" 때문이라고 말했다.

개가 인간에게 거주할 만한 세계, 모든 대립과 충돌, 거칠고 울퉁불퉁한 것들이 제거된 세계를 전달한다는 표현은 정확하다. 프로이트가 확인했듯이, 개가 우선적으로 충돌을 없앤 대상이 '문명화'가 아니라는 것만 제외하면 말이다. 그 대상은 자연 그 자체였다.

사냥꾼들은 개를 네 가지 유형으로 구별한다. 전달책, 달리기 선수, 피의 추적자, 포인터. 전달책은 죽은 사냥감을 가져온다. 달리기 선수는 사냥감을 좇는다. 피의 추적자는 상처 입은 먹이를 쫓는다. 포인터는 사냥꾼에게 살아 있는 짐승의 위치를 알려준다. 마지막 포인터의 경우, 최대한 목표물에 가까이 다가간 다음 주인이 도착할 때까지 그대로 있어야 한다. 주인이 오면 동물을 향해 달려가 최대한 따라붙어 목표물을 들어올린다. 이제 주인은 방아쇠를 당기기만 하면 된다. 사냥개의 네 유형 중 포인터의 행동은 개의 본성에서 가장 먼 것이다. 하지만 포인터는 정지 자세를 취함으로써 최선의 행동을 완수한다.

개는 암흑의 예고자, 하늘의 섬광에 앞서 등장하는 부정적인 발자취다. 고야의 작품 "개"에서 개가 어떻게 묘사되었는지 살펴보자. 어두운 벽과 노란 모래더미 경계에 개의 머리만 솟아 있고, 낮이 밤을 **파괴하는** 장소, 낮이 밤으로 변하는 장소 어디에도 개는 존재하지 않는다. 개는 수직적 존재다. 높은 곳에 있던 개가 흙바닥으로 풀썩 뛰어들면 거기로부터 피 냄새와 썩은 냄새가 그들의 코를 덮친다. 달이 뜨면 개들은 서로 울부짖으며 소통한다.

고대인들은 개가 시간과 관계를 맺는 점에 주목했다. 시간의 이행만이 아니라 밀도와도 관계 맺는 개는 아득한 옛날부터 우리에게 무슨 일이 일어나는지 항상 주의를 기울이며 현재를 살아가라고 알려주었다. 그 결과 개는 우리 앞에 **자유로운 시간으로 들어가는** 문을 열었다. 개가 없이는 어떤 문명이나 인류도 불가능했을 것이다. 웰시가드(영국군 근위대의 하나—옮긴이)가

곰가죽으로 만든 커다란 모자를 착용한 채 영국 여왕 옆에 완벽한 부동자세로 있는 것처럼 개들은 '나쁜 시간'이 오지 않도록 막는 데, 문자 그대로 '시간을 때우는' 데 온 힘을 쏟는다. 개가 결국 그런 일들을 위해 목숨을 바친다는 걸 누가 알겠는가? 가스통 페뷔스는 "개의 유일한 불리한 점은 오래 견디지 못한다는 것이다"라고 말했다. 우리를 살아가게 하느라 개는 완전히 지쳐버린다. 그것은 마치 예수 그리스도가 부각되어야 하므로 세례 요한이 스스로를 숨긴 것과 같고, 요한이 받아들여지게 하기 위해 아누비스가 스스로 사라진 것과 같다.

프랑스 아즈니에르 지역에는 개 전용 묘지가 있다. 인간의 묘지와 유사하게 조성되었고, 대리석 무덤과 가족 지하묘소도 있다. 묘비에는 스타스키, 캐러멜, 포테이토 등 개의 이름이 새겨져 있다. 조끼 깃에 수 놓인 이름이나 메달에 새겨진 이름으로만 남아 있는 무명의 군인들에게 헌정된 묘비처럼, 개의 묘비도 모두 다른 얼굴을 하고 있다.

모든 개들은 인류를 위해 전사한 군인들과 다르지 않다. 그들은 '전쟁 중에 죽은 동물'의 이미지를 가졌고, 영국과 미국의 군인묘지에는 이들을 위한 비석이 있는 곳도 있다. 스타스키, 캐러멜, 포테이토, 그리고 우스운 이름을 가진 작은 개들, 숨을

헐떡거리는 잡종견들, 우직한 미소를 짓는 저항할 수 없는 바보들이여, 부디 겁먹지 말기를. 루터가 자기 개 톨펠에게 말했듯 "예수님이 부활하시는 날, 황금빛 귀여운 네 꼬리도 보게 되리라."

스무스 콜리, 털이 길고 풍성한 모습의 러프 콜리에 비해 털이 짧다.

12

어머니 같은 동물

개를 키우는 사람 중에는 반려견이 자기보다 일찍 죽는 것이 싫어서 이별해야 하는 순간이 다가오면 곧바로 다른 개를 입양하는 사람도 있다. 이들은 대부분 같은 종을 택하고, 때로는 전에 키우던 개의 이름을 그대로 붙여주기도 한다(이브 생 로랑의 불독은 총 4대에 걸쳐 네 '버전'이 있다. 무지크, 무지크II, 무지크III, 무지크IV). 주인은 일종의 유일무이한 개와 함께 살아가는 것인데, 외형이 동일해 보이는 개를 통해 다양한 영혼의 윤회를 겪는 것처럼 느끼기도 한다. 이는 개의 수직성을 존중하는 괜찮은 방식으로 보이기도 한다. 물론 그렇게 개를 교체하는 행위는 야만적으로 보이기도 하고 개인적으로 받아들이기 힘들긴 하다.

개를 잃어버린 후 슬픔에 잠긴 주인들 대다수는 마치 아이를 잃어버린 듯한 느낌을 받기도 한다. 내 경우에는, 개를 떠나보낸 후 **고아가 된** 것 같은 감정을 느꼈다. 내가 잃은 것은 아이가 아니라 부모였다. 프랑스어로 자기 아이를 잃어버린 존재의 고통을 가리키는 단어가 없는 것이 안타깝다(프랑스어에 국한된 것은 아니리라). 그런데 어떤 개를 떠나보내고 나서 스스로 '고아'가 된 것처럼 느낀다는 사실에는 다른 이유가 있다. 개의 속성이 아마도 아이보다는 아버지나 어머니에 가깝기 때문이다.

키플링은 《이 개는 네 하인》(*Thy Servant a Dog*)에서 그의 귀여운 스코티시 테리어에게 '장화 또는 슬리퍼'라는 이름을 붙여

주고, 주인이 담배를 피우도록 '도와주고' 신문을 읽도록 '도와주는' 개라고 묘사했다. 키플링이 묘사한 대로, 개라는 동물은 살아가는 내내 곁에 머물며 우리가 존재하도록 '도와주는' 동물이라고 생각하고 싶다. 개는 우리의 어머니 같은 동물이다. 프로이트가 주의 깊게 주목했던 또 다른 신화는 바로 고아가 된 늑대 새끼를 기른 어미 개 이야기다.

로마라는 도시가 어떻게 세워졌는지에 대한 이야기는 널리 알려져 있다. 로마는 정확히 '휴마니타스'(*humanitas*)의 요람이라는 의미를 표방한 도시였다. 그 도시의 건국에는 로물루스와 레누스 쌍둥이 신화가 전해 내려온다. 로물루스와 레누스는 전쟁의 신 마르스와 무녀 레아 실비아 사이에서 태어났다. 외삼촌이 그들을 가로채 강물에 던져버렸지만 팔라티누스 언덕에서 어미 늑대가 이들을 발견해 젖을 먹여 키웠다. 결국 장성한 로물루스와 레누스가 삼촌에게 복수한 뒤 도시를 세우게 된다.

이 신화는 복합적인 의미가 있다. 암컷 늑대는 창녀(라틴어로 *luper/lupa*)를 가리키기 때문이다. 이것이 놀랍게 다가오지 않을 것이다. 이미 개와 여성 사이의 유추는 앞에서도 여러 차례 언급했다. 이제 그 의미가 뚜렷해질 것이다. 자크 라캉이 이야기한 것처럼 여성은 '전부가 아니다.' 여성이 자신을 드러내는 곳은 엄밀히 그 일부가 되지 않고서도 존재의 범위를 정하는 가장

자리이며, 여성의 **태반이자** 막이다. 여성은 인간을 구성하는 두 가지, 즉 과잉과 비어 있음의 보증을 서는 존재다. 그리스어로 개는 '*kuon*'이며, '임신한/낳다'의 의미를 지닌 '*kuo*'와 매우 유사한 단어다. '생각하다'라는 의미를 지닌 프랑스어 'concevoir'는 '임신하다'라는 뜻도 있으며, 'chienner'는 드물게 '개가 새끼를 낳다'라는 뜻으로 사용된다. 개, 어미 개, 임신한 여성은 결국 철학과 동일한 기능을 하는 것이다.

바이마라너, 독일의 사냥개.

13

오이디푸스와 스핑크스

인간과 개의 연관성에 대해 오이디푸스 신화만큼 설득력 있는 설명을 제공하는 것도 없다. 그 신화는 성과 철학의 기호를 사용해 모성이라는 모형을 그려낸다.

여자 스핑크스는 흔히 사자라고 착각하기 쉽지만, 의심할 여지 없이 암컷 개다. 그것은 오르토스(케르베로스의 쌍둥이 형)의 딸인데, 역시 피는 못 속인다. 그 이름의 의미가 그리스어로 '끈' '매듭' '빗장'인 것은 이미 잘 알려진 바이며, 이는 '막'을 열고 닫는다는 뜻이다. 스핑크스는 그의 먹잇감들에게 "아침에는 네 발로 걷고, 정오에는 두 발로, 저녁에는 세 발로 걷는 것은 무엇인가?"라는 철학적 수수께끼를 냈는데 정답은 '인간'이었다. 더 놀라운 점은 이 문제를 푼 오이디푸스 자신이 '렉스'(Rex, 국왕)라는 이름의 한 마리의 개라는 것이다.

세부사항을 보면 연관성이 드러난다. 바로 오이디푸스의 이름이다. '오이디푸스'는 '부종'을 뜻하는 'œdi'와 '발'을 뜻하는 'podo'가 합쳐진 단어로, '부어오른 발'을 의미한다. 양치기가 오이디푸스의 발을 끈으로 묶어 시테론 산으로 죽이러 데려간 데서 유래했다. 이런 기이한 방식으로 아이를 데려간 일은 고대 문학에도 유례가 없었다. 반면 개를 이렇게 묶는 일은 흔했다. 개의 발목뼈에 끈을 묶는 것이다. 그 유명한 '결혼의 굴레에 묶이다'라는 표현이 여기에서 나왔다. 6세기로 거슬러 올라가면 오이디푸스와 개의 연관성을 드러내는 몇몇 단서가 나온다. 견유학파로 불린 디오게네스는 '발에 난 상처로 인해' 죽었다고 알려졌다. 더 나아가, 어머니와 사랑을 나누고 아버지를 죽이는 행위를 할 가능성을 개가 아닌 어디에서 찾겠는가?

그러나 오이디푸스와 스핑크스의 만남은 근친상간을 금지시키는 목적을 위한 것만은 아니다. 적어도 우선적인 목표는 다른 것이다. 오이디푸스 신화는 무엇보다 인간을 인간이게 만드는 '직립 상태'의 비밀에 기반하고 있다. 오이디푸스는 '발에 대한 지식'을 가진 자로서 우리에게 그 역사를 들려준다. 다시 말해 오이디푸스는 두 발로 서 있는 법을 아는 개, 스스로 설 줄 아는 개다. 반면 매듭을 지배하는 여자 스핑크스(고유한 의미와 비유적 의미로, 우리는 수수께끼를 풀려고 애쓸 때 '뇌 속 주름'을 사용한다)는 오이디푸스의 발에 묶인 끈을 풀어줌으로써 개 안에 존재했던 인간을 해방시킨다. 그런 식으로 근친상간은 추방된다.

오이디푸스는 '발에 대한 지식'을 어디에서 얻었을까? 이를 규명하려면 더 오래전 신화로 거슬러 올라가야 한다. 만일 개가 수수께끼를 '뚫어 간파한다면', '부어오른 발'로 예언자의 '빗장'을 뚫고 들어갔다면, 그것은 분명 **발기**를 의미하는 것으로 보인다. 그 안에서 일어선 것, 그것은 이전의 발이 아니라 오이디푸스의 성기다. 오이디푸스는 지능이 아닌 그의 신체와 욕망, 정확히는 스스로 발기한 기묘한 욕망을 경험함으로써 발에 대한 지식을 깨우쳤다.

많은 포유동물이 발기를 하지만, 이를 인간과 동물이 공유하는 특징으로 보지는 않는다. 오이디푸스가 구멍 뚫린 발을 가졌다는 걸 제외하면, 훼손된 성기란 **남자들의** 발기에 관한 특이성을 알려주는 추가적인 사실이다. 남성은 다른 동물과 달리 성기 안에 뼈가 없기 때문이다. 우리가 '음경골' 혹은 '작은 막대기'라고 부르는 이 뼈의 결핍에 대해서는 고대부터 알려져 있었다. 주석가들에 따르면, 이것은 '아담의 갈비뼈'로서 성경은 이로부터 이브가 탄생했다고 전한다. 스핑크스의 수수께끼에서 인간이 노년의 문턱에서도 걸을 수 있는 것은 '지팡이'의 도움을 받아서임을 상기해보자.

그러므로 오이디푸스는 평범한 동물은 아니다. 그가 스스로 서 있을 수 있는 것은 발기하기 위한 **음경골**이 없기 때문이다. 암캐와 철학가(*kuo-kuon*)의 만남이 갖는 심오한 의미는 바로 이것이다. 그렇다면 최후의 질문이 남는다. 누가 그것을 오이디푸스에게서 제거했을까? 그것이 막대기나 지팡이가 아니라면, '호모 에렉투스'(직립원인)라 불리는 '발기'를 지지한 것은 무엇이었을까?

불독, 몇 세기 전 소몰이 놀이에서 황소와 싸우는 데 사용하려고
영국에서 개량한 품종.

14

집을 지키는 암캐

그리스의 가장 유명하고 신비로운 의식은 엘레시우스 비의 의식이었다. 대지의 여신 데메테르에게 밀 이삭을 바침으로써 풍성한 농작물을 수확하게 해준 신에게 감사를 표하는 의식이었다. 딸 페르세포네가 지옥의 신 하데스에게 납치되자 데메테르는 딸을 돌려주지 않으면 이제 밀이 자라지 않을 거라고 으름장을 놓았다. 제우스는 봄에서 여름까지 1년의 6개월은 데메테르가, 가을부터 겨울까지 나머지 6개월은 하데스가 페르세포네를 맡도록 했고, 이로부터 의식이 비롯되었다.

1년에 한 차례, 수확의 시기 9월 초에 엘레시우스 마을 사제들은 선택된 자들에게 계절에 따른 순환의 비밀 그리고 죽음과 소생의 비의를 전수했다. 이 전수 과정에서 가장 중요한 입회식 도구가 키케온이었다. 포도주와 유사한 이 음료는 발효된 밀과 환각을 일으키는 쌀보리의 삭정이를 섞어 만든다. 마시고 나면 환각과 최면 상태가 시작되는데, 이는 영혼의 천국을 방문한 것과 비슷한 효과를 냈다. 키케온은 데메테르가 딸을 잃은 슬픔에 빠져 굶어 죽을 뻔했을 때 처음 마신 음료라고 알려져 있었다.

키케온은 아주 긴 준비 과정 후에 마셨는데, 특히 남근 모양으로 조각상을 조작하거나 외음부 모양을 한 케이크를 먹는 외설적 과정 등이 포함되어 있었다. 이 준비 과정의 목적은 데메테르가 기운을 차리기 직전에 무슨 일이 있었는지 상기시켜주는 것이다. 데메테르가 바우보라는 여인의 집에 묵었을 때 바우보가 그 음료를 데메테르에게 건넸다. 데메테르는 거절했고 바우보는 치마를 들어올려 음부를 보여줌으로써 데메테르가 웃게 했다는 내용이다.

그 광경이 그토록 재미있었을까? 다양한 문명에서 유사한 과시 행위의 사례들이 발견된다. 더 정확히는 바우보의 조각상들이 발견되었다. 조각상은 치마를 들어올려 자기 배를 보여주는 여인의 형상을 하고 있는데, 음부에 얼굴이 그려져 있다. 눈의 역할을 하는 가슴, 입술 모양 배꼽, 그리고 수염이 있는 턱의 치골. '바우보'라는 이름에 담긴 여러 의미도 알려져 있다. '잠이 들다', 더 나아가 '젖 먹이는 여자'('당신을 잠자리에 눕히는 여자'라는 뜻도 있다). 그 외에 '인공 음경'이라는 뜻도 있는데, 여기에서 바우보는 일종의 음경골을 의미한다. 마지막으로 '짖다'라는 의미도 있다. '바우바우'는 대다수 라틴어 어원에서 개가 낑낑대는 소리를 가리킨다.

엘레시우스 비의에 개가 등장하는 사례는 한 번으로 그치지 않는다. 헤라클레스가 열두 번째 임무인 하데스의 개 케르베로스를 제거하기 전, 먼저 엘레시우스 의식에 참여하는 것도 이에 해당한다. 이것은 데메테르의 딸인 페르세포네가 고대 신화에서 개에게 할당된 위치를 차지하고 있기 때문이다. 페르세포네는 지하세계와 살아 있는 자들의 왕국 중간에 있다. 그녀는 또한 문명과(그리고 봄이라는 계절에, 더 정확히는 농업에) 자연(가을에 식물이 적막한 상태를 견디는 것) 중간에 있다. 그녀는 한 명의 시녀이며, 헤카테(달·대지·지하의 여신), 달과 연결된 지옥의 신성으로서 암캐라는 특징을 상징한다. 마지막으로 그녀는 사냥의 여신 아르테미스 및 아르테미스의 개들과 자주 혼동된다. 그래서 페르세포네와 아르테미스, 헤카테는 세 개의 머리를 가진 하나의 신성으로 응축되며, 그것은 암캐의 상징이다. 즉 페르세포네는 지옥의 여신 이시스의 이미지를 가진 큰개자리다.

바오보 역시 이시스 의식에서 나온 암캐 중 하나다. 바오보가 데메테르 여신을 살리기 위해 건넨 **키케온**은 이시스 숭배자들이 마셨던 사(sa, '베다의 몸'이라는 뜻의 베다 소마라고도 한다)를 떠올리게 한다. 심지어 아누비스가 고인의 영혼을 정화하기 위해 준 물인 '키베후트'와 발음이 비슷하다. 바오보는 소리 내어 짖는 암캐이며, 그러려면 입을 벌려야 한다. 그런데 개의 입 안을 들여다보는 행위는 18세기 이집트 문화에서 월경에 버금갈 만한 금기였다. 그런 식으로 과시의 비의를 둘러싼 비밀이 조금씩 밝혀진다. **바오보는 월경을 하고,** 데메테르 앞에 그녀가 보여준 수염 달린 사람의 얼굴은 잘린 머리로서, 수염 아래로 피가 흘러 목을 적신다. 바오보는 데메테르의 딸을 탈취한 하데스의

고대 이집트 신화에 나오는 죽음의 신 아누비스상.

피 흘리는 얼굴을 그랑기뇰(공포와 전율을 일으키는 센세이셔널한 연극. 프랑스 파리의 극장 그랑기뇰에서 주로 상연된 데에서 유래했다—옮긴이)의 형식에 맞춰 보여줌으로써, 데메테르가 자신을 공격한 압제자에게 분노를 표현하고 슬픔으로부터 벗어나도록 도와주었다.

엘레시우스 제의를 '금기'의 관점으로 바라보면 본래의 신성한 측면이 보인다. 그것은 만물을 재생시키는 월경의 힘을 의미하기 때문이다. 농작물의 씨를 말리겠다고 위협했던 데메테르는 식욕이 사라져 일체 아무것도 먹지 못했는데, 이는 월경이 끊겼음을 의미한다. 그녀는 바오보의 배 아래쪽을 보고 나서 불그스름한 약물 키케온을 마신다. 이제 데메테르는 생식능력을 되찾아 다시금 비옥한 상태로 변화된다. 엘레시우스 제의는 월경혈을 상징적으로 마심으로써 생산성 위반에 대한 월경의 절대적 금기를 뒤집으며, 지하세계를 분리하는 경계를 허물어뜨린다.

하지만 특히 우리의 흥미를 끄는 것은 데메테르의 생식력과 개의 입이 그녀에게 보여준 거세 사이의 연결고리다. 사실상 월경으로 흘린 피에 대해 여러 방식으로 명확히 발화한 것이다. 데메테르는 제우스로부터 페르세포네가 지상에서 6개월을 보낼 수 있게 해주겠다는 약속을 받아냄으로써 같은 기간 동안 하데스로 하여금 금욕하게 만든다. 일종의 거세라고 볼 수 있다. 여성이 월경을 할 때마다 남자들은 마찬가지로 상징적 거세를

당한다. 남자들이 음경골을 잃어버리는 것 역시 영원한 거세를 뜻한다(바오보의 의미에 인공 음경이 있었다). 남자들은 페르세포네의 납치에 대한 대가를 치른다. 바오보라는 암캐에게 성기를 물어뜯긴 그들은, 발기가 풀린 상태로 '휴식을 취하고' '잠이 든다'(바오보의 첫 번째 의미가 바로 '잠들게 하는 것'이었다).

남성들은 이제 형태가 없는 막대의 발기에 의존하게 된다. 그들은 불안정하고 예측 불가하며 통제되지 않는 욕망의 세계로 들어간다. 그들은 하나의 힘, 기분 내키는 대로 행하는 그 힘에 지배된다. 때로는 그 힘이 그들을 물어뜯고 분노에 휩싸이게 하며, 때로는 그들을 방치하고 당황하게 만들 것이다. 즉 남성의 성기는 이제 '한 마리 개'처럼, '개의 꼬리처럼', 더 정확히는 작은 막대기 대신 '욕망의 날개'에 의해 스스로 일어나는 개처럼, 여자 스핑크스처럼 움직일 것이다. 그 스핑크스는 이런 관점에서 보면 자신이 낸 질문이 육화되어 스스로 답이 된 것이다. 그것은 날개를 가진 암캐다. 고대 로마 역사에서 '날개를 가진 남근상'들이 겪은 운명을 우리는 잘 알고 있다. 개가 목줄을 매고 다니듯 그의 방울 근처에 무엇을 매고 다녔는지 말이다.

도버만 핀셔, 호위견이나 경찰견으로 많이 활동하는 독일 품종.

15

마술을 부리는 검은 개들

'엘레시우스'라는 단어는 그리스어 'eulano'에서 나왔다. 바로 '내가 세상에 왔노라'라는 의미다. 그것의 비밀은 고대에 존재한 위대한 암캐와, '세상에 도래한' 인간을 책임지는 사신 사이에 맺은 성스러운 신혼(神婚)을 기념한다. 그것은 문명의 시원에 관한 신화다.

하데스와 페르세포네는 이시스와 오시리스처럼, 시리우스와 오리온, 큰개자리와 궁수자리처럼 결합한다. 큰개자리는 '가장 중요한 최초의 무대'에 참여한다. 자신이 목격한 장면에 겁을 집어먹은 큰개자리는 어머니의 연인을 단번에 물어뜯어 거세하거나, 분노로 인해 스스로를 거세시킨다. 마치 아누비스와 바오보처럼(둘 다 그들의 '잘린 머리'를 과시했다) 구멍 뚫린 발을 가졌던 오이디푸스는 자기 눈을 도려낸다. 분출된 피는 큰개자리의 씨를 뿌리게 된다. 그것은 반은 신이고 반은 개로 이루어진 새로운 존재로 태어난다. 그의 성기는 거세되어 '잠든' 동시에, 지하세계로부터 다시 돌아온 영혼처럼 다시금 살아날 수 있다. 이 존재, 그것은 남성이다. 그는 마술적 힘을 지니고 태어난(죽은 자들을 '깨우는' 존재) 첫째 파라오 호루스라 불리기도 하고, '두 번 태어난 자' 디오니소스라고 불리기도 한다(엘레시우스의 두 이름 자그레우스와 이아코스도 있다).

초기 신화에서는 그리스도인들이 오늘날 예수 그리스도의

부활을 기리기 위해 마시는 '포도주로 변한 물'이 어떤 유물이 되지 않았다. 예수가 사흘 만에 부활한 사건을 기념하는 부활절 행사(부활절 달걀로 상징된다)는 매년 봄에 음력으로 지켜지는데, 그런 조건에서 보면 이는 엘레시우스 비의의 놀라운 변주라고 할 수 있다. 여기에서 인간은 피라는 형식을 통해 태어난다. 그 것은 십자가에 매달린 그리스도의 옆구리에 난 상처에서 흘러내린 피다. 이에 앞서 세례 요한이 '작은개자리'처럼 '머리가 잘려' 참수된 사건이 있었다. 기적이 일어난 부활절을 기념하는 상징 가운데 아이들에게 부활절 달걀을 가져다준다는 토끼가 있다. 매년 겨울 털갈이를 통해 허물을 벗는 토끼는 예수의 부활을 상징하는 것처럼 보인다(이런 이유로 뒤러는 아기 예수와 있는 마리아의 발아래 토끼를 그린 바 있다). 또 하나의 상징은 비둘기로, 성령의 비둘기가 가진 '날개' 덕분에 인간은 서 있을 수 있었다.

중세 시대의 그랄 성배 전설(중세 유럽 전설로, 예수가 최후의 만찬에서 성배를 사용했고, 요셉이 십자가에 매달린 예수의 피를 여기에 받아 영국으로 가져왔다고 하며 이것을 기사들이 찾아다니는 이야기다—옮긴이)은 인간의 집단 무의식에 기이한 이야기를 퍼뜨렸다. 불멸을 보장하는 피가 담긴 성배를 찾는 모험에는 마술을 부리는 무서운 '검은 개들'이 등장했으며, 이를 '바르게스트'(bargest)라고 불렀다. 이 개는 앵글로색슨족의 민간전승에 나오는데, 지나가다 이 개를 본 사람은 누구든 곧바로 죽게 된다. 문자 그대로 '무덤의 영'이다('geist'는 영, 'bier'는 장례식의 관을 의미한다).

18세기 독일의 신비주의자 니콜라우스 폰 친첸도르프는 매우 독특한 방식으로 '피와 상처'에 대한 신학적 교리를 설파했다. 루터의 개에 대한 사랑과, 신의 죽음을 바라보는 극히 신교도적인 의식을 결합한 것으로, 그 성가의 일부는 이러하다. "불쌍한 새끼 개처럼 예수 그리스도의 피가 흐르는 상처를 핥는 이여, 그는 진정으로 순박한 자로다." 이 노래 가사는 '이스라엘의 피를 핥던 개' 발락을 상기시킨다.

프리드리히 니체는 마지막 편지들에서 '디오니소스 혹은 십자가에 못 박힌 예수 그리스도'라는 표현을 쓴 다음 뜨겁게 말을 포용했지만, 그는 결코 부활절이나 엘레시우스에 대해 알지 못했을 것이다. 혹은 독일의 전위 조각가 요제프 보이스가 죽은 토끼(leporis)를 팔에 안고 르네상스의 피에타상처럼 금으로 얼굴을 칠한 뒤 음경골, 즉 '지팡이'와 함께 철창 안에 든 코요테를 자극하거나 피로 채색할 때도 마찬가지였을 것이다.

대중문화에서 유명한 두 인물, 빨간 두건과 드라큘라 백작은 아주 명백한 방식으로 관람자들에게 심오한 비의를 만들어낸다. 것들이다. 전자는 흥건한 피 가운데 있는 개와 연결되는데, 개는 문자 그대로 '할머니로 변장한 늑대'이기 때문이다. 후자는 브램 스토커의 소설에서 처음 등장했으며, '검은 개'로 형상화된 '바르게스트'는 영국 휘트비 지역 한복판 부서져가는 러시아 선박 갑판에서 뛰어 올라왔다. 바로 데메테르라는 선박이었다. 검은 개처럼 그것은 저무는 밤, 특히 달이 뜨는 밤에 헤카테라는 별과 함께 등장한다. 음력 주기가 월경주기와 같으며, 그것은 젊음의 근원이 되는 이유, 그가 마신 피의 근원이기 때문이다.

검은 개는 아서 코난 도일의 소설에도 나온다. '바스커빌의 개'다. 그것은 마치 악마처럼 스패니얼 개의 특징을 가졌으며 괴테의 《파우스트》 마지막에도 등장한다. 고대 이집트부터 전해온 갯과의 기본적인 양면성을 구현한 동물이다. 이제 우리는 이해할 수 있다. 개는 단지 생과 사, 자연과 문명 사이를 잇는 안내인이 아니다. 길들임이라는 현대적 개념에 무관심한 동물이다. 개는 문명의 창조자이자 인간의 창조자다. 길들임을 통해 문명을 전파하는 위대한 존재이며, 역설적으로 그렇기 때문에 위대한 거세자이기도 하다.

불마스티프, 불독과 마스티프를 교배해 만든 매우 힘이 센 품종.

개는 알고 있다

"나의 관심사는 어디까지나 개이며, 그 이외의 아무것도 아니다. 개 이외에 대체 무엇이 존재한단 말인가? 이 광막한 세상은 개 이외에는 아무것도 아니다. 도대체 개 이외에 무엇이 존재한단 말인가? 모든 지식, 모든 질문과 모든 대답들은 다 개들 안에 포함되어 있다."•

프란츠 카프카의 중편소설 〈어느 개의 연구〉에서 개가 이야기하는 대목이다.

'철학자 개'의 역할을 통해 지혜가 속한 기원, 지혜를 보유한 자의 자만에 대해 카프카가 보여준 관습적 냉소를 발견하는 일은 어렵지 않다. 반면에 떠돌아다니며 굶주려 있고 패배한 개를 바라볼 때는 카프카의 사적이고 진실된 묘사가 엿보인다. 그 개는 20세기 초 중부 유럽에 있는 유대인들이 처한 조건을 묘사하는 데서 시작해 '랍비 개'라는 자화상으로 이어진다. 그러나 이 경우 어떤 대목이 그가 이야기하는 개에 대한 특이한 지식일까?

소설은 그 이후를 이야기하지 않는다. 혹은 소설 속 화자인 개가 덧붙인 것처럼 '개 스스로 그것을 드러내길 거부한다.' 개는 식료품이 들어 있는 찬장보다 더 격리되어 있다. 화자로 등장하는 개조차도 그가 알고 있는 것을 드러낼 수 없다. 그러므로

• 프란츠 카프카, 《어느 개의 연구》, 이주동 역(솔출판사, 2020), p. 321.

카프카의 작품에서 자주 보이는 것처럼 진실은 드러나야 하는 장소에서도 모습을 감춘다.

그런데 개가 "과연 간절히 말하고 싶어할까?" 그것을 확신할 수 있을까? 그렇다면, 아마도 그들은 자신들이 알고 있는 우리의 크고 작은 비밀들 때문에 벌을 받을까 봐 입을 다물고 있는 게 아닐까? 그들이 두려움에 휩싸여 그들의 언어를 잃어버렸다면… 혹은 데메테르처럼 폭소가 터져나와서 그런 거라면? 그들이 엘레시우스 사제들처럼 서로를 구속하는 비밀, 성스럽기보다 금기시되는 물질들이 교환되는 입문 의식이 진행되는 동안 무슨 일이 벌어지는지 이야기하면 안 된다는 의무에 묶여 있는 거라면?

이번에는 카프카가 오이디푸스의 입을 빌려 개에 대한 진술을 풀어놓는다. 화자인 오이디푸스는 자신의 근원을 알지 못한다는 죄책감에 사로잡혀 있다. 게다가 그는 자신이 젊을 때부터 '네 발로 걸었던' 것을 발견한다. 청년이 된 그는 기묘한 '음악가 개들'과 마주치는데, 그들은 '두 발로' 걷는다. 이제 나이가 든 그는 '한 발을 질질 끌며 세 발로 걷는' 사냥개와 마주친다. 인간이 누구인지, 어떠한지 개는 알고 있다. 하지만 조심성 때문에 입 밖으로 말하지 않을 뿐이다. 개에 대해 카프카가 이해한 내용에는 반론의 여지가 없어 보인다. 결정적으로 남성은 '서 있는 개',

다시 말해 발기한 성기이기 때문이다.

　들뢰즈가 개에 대해 다소 냉정하게 "군림당하는 동물의 수치심"이라고 기술한 것도 같은 맥락이다. 들뢰즈는 이 어리석은 동물을 자주 다루지는 않았지만 독창적이고 천재적인 통찰을 보여준다. 그가 개의 본질, 즉 개에게는 수치심과 연관된 부분이 있다는 사실을 정확히 지적하고 있기 때문이다. 단지 개의 몸 위에 우리의 **'생식기'**를 갖고 있다는 점이 **'우리의 수치심'**을 자극한다. 우리는 개의 생식기를 거세할 때 무의식적으로 중요한 사실을 알고 있다. 거리에서 개를 산책시키다가 지나가던 사람들이 우리 개를 쓰다듬도록 허락할 때, 노출광이 하는 것처럼, 우리는 나뭇가지나 인공 남근으로 그들을 흥분시킨다.

　개는 우리의 수치심에 대해 알고 있다. 개는 입을 다물고 비밀을 지킨다. 아마도 그런 이유로 우리는 종종 개를 탓한다. 개가 우리를 너무 오랜 시간 알아왔다며 탓한다. 우리가 개를 감추고 싶어하는 이유도 그 때문이다. 그런 이유로 현실 어디에나 개가 있고 우리 안에도 개가 있음에도, 우리 문화는 개를 거의 드러내지 못한다. 대신 여성의 모습으로 가장하고 나오거나, 사자의 형상 혹은 위풍당당하고 이상적인 남근의 상징, 거부의 형태로 등장할 뿐이다.

　결국 프로이트가 오이디푸스 콤플렉스를 전개하며 발견한

것은 '억압'의 의미였다. 부모의 성행위가 마치 동물들이 하듯 '후배위로' 이루어지는 것을 기습적으로 목격한 어린이는 자기 어머니를 '거대한 암캐'와 동일시할 수밖에 없으며, 결국 자신을 새끼 개라고 생각한다. 엘레시우스에서 작은개자리가 그랬듯이, 이 장면은 일종의 거세와 닿아 있다. 거세는 아이에게 물어 뜯고자 하는 욕망을 심는다. 무력감 혹은 죄책감으로부터 그가 절단하게 되는 것은 바로 자기 자신이다. 오이디푸스가 자기 눈을 파낸 것처럼 말이다. 그의 음경골, 그는 자신이 본 것을 잊어 버림으로써 그것을 뽑아낸다. 하지만 그럼으로써 그가 성공한 것은, 그가 본 개를 자기 안 깊숙이 묻는 것이다. 무의식은 검은 개다. 그것은 바르게스트들이 살고 있는 '영의 무덤'이며, 늑대 인간, 우리 안의 늑대들이 매일 한밤중에 우리 앞에 출몰한다.

울프독, 늑대개, 땅에서 어깨까지 60센티미터가 넘는다.

17

동물의 진정한 왕

나는 이 책을 개들의 명랑성, 경탄할 만한 그들의 즐거움에 중점을 두고 썼다. 그 즐거움은 때때로 불가사의한 기분과 충격을 불러일으킨다. 이 불가사의의 답은 오이디푸스가 스핑크스에게 대답한 것, 바오보가 데메테르에게 한 행동, 더 나아가 프로이트와 다윈이 인류에 대해 한 일과 다를 바 없다. 개는 즐거움을 느낀다. 그가 인간에게 한 행동으로 인해, 즉 그가 인간을 **승격**시켰으므로 즐거워한다. 동시에 개는 스스로를 구원했다.

개는 인간이 자기 본연의 모습을 되찾도록 해주었다. 앞에서 설명한 것처럼, 개는 외부 세계에 대항하기 위해 그의 육체에 대한 막을 드리웠다. 동시에 개는 스스로를 '정신적으로' 탄생시켰다. 선한 동시에 악한 존재, 아이의 욕구를 채워주는 양육자이자 아이를 실망시키는 존재, '수다스러운' 질이자 '톱니 모양의' 질. 어머니의 양면성을 온전히 모방한 존재, 신이자 악마, 보호자이자 파괴자인 개는 우리 세계의 내면에 그의 육체의 막을 드리웠다. 개는 억압의 한계가 그려진 장소 깊숙이 우리의 무의식을 수용시켰다. 그곳으로부터 무의식과 욕망, 막의 팽팽한 긴장감과 함께 우리로 하여금 서 있게 하고, 발기하게 하는 욕망이 분출된다. 그렇게 인간과 개가 서로의 끝을 분간하기 힘들 정도로 내왕할 때 비로소 인간이 태어난다.

개는 진화라는 전쟁에서 자신이 있을 곳을 점하기 위해 인간을 창조했다. 개는 자연(본성)이 자신을 초월하고 그 대신 자신을 보호하도록 만들기 위해 문명을 발명했다. 원시의 개에서 길들여진 개로 전환이 이루어진 날짜가 이를 증명한다. 그것은 바로 호모사피엔스가 초기 벽화들을 생산한 시기와 일치했다. 다시 말해, 인간이 스스로 태어난 시기, 문명과 역사가 시작된 시기다.

반면 개가 있었기에 인간은 스스로를 만들어갈 수 있었다. 욕망의 세계로의 진입, 생리적 욕구의 지배로부터 스스로를 해방시켜 문명의 왕국으로 진입한 것은 개의 형상을 따른 것이다. 스스로를 개와 같이 만듦으로써, 인간은 새로운 육체를 입고 **다시 태어났지만** 그것은 이제 썩지 않는다. 영적인 육체, '자의식'을 가진 육체는 인간적 위엄의 기반이 되었다.

인간은 개의 후손이며, 개의 즐거움은 자기 유전자를 후손에게 전달한 것에 대해 매우 흡족해하는 부모의 즐거움과 굉장히 유사하다. 개는 신인(神人)이자 반신(半神)을 창조했다. 개가 무사태평한 것은 자신의 일을 완수했기 때문이다. 개는 자기 걱정을 하지 않는다. 개는 생의 휴가를 즐기는 중이다. 개는 언제나 존재의 산책자이자 여행자처럼 산다. 그것은 디즈니 영화 〈레이디 앤드 더 트램프〉에 나오는 트램프처럼 '유명한' 멋진 부랑자가 아니라, 은퇴한 대사, 모든 전쟁에서 돌아온 제1사령관이다.

개는 동물의 진정한 왕이다. 어린 강아지들은 싸우느라 바쁜 젊은 장교들처럼 목줄에 어깨가 당겨진 채로 종종 걷는 반면, 늙은 개들은 모든 걸 경험한 추기경처럼 서두를 때조차 느릿느릿하게 움직인다. 개의 이름을 귀족처럼 길게 지어주거나 개에게 군대에서 부르는 별칭을 붙여줄 때 개들의 협회가 형성된다. 진정한 예수회 일원들이 되는 것이다.

개들은 또한 자신이 발명한 인간이 그들에게 어떤 비밀도 갖지 않기 때문에 더욱 온화하고 방탕하기까지 한 기쁨을 누린다. 데메테르가 바오보의 치마 아래 잘린 머리를 보며 웃은 것처럼, 개가 즐거운 이유는 이제부터 그가 숭배할 인간, 그 위대한 인간을 자신이 만들었기에, 그가 어떤 존재인지 알고 있기에, 인간의 음부를 보았고 성기를 통해 인간을 보았기 때문이다.

개는 어머니가 아이를 보듯 인간을 본다. 바로 그런 이유로 개는 진심을 다해 주인과 함께 놀 수 있다. 개가 그럴 수 있는 것은 인간 앞에서 스스로 우스꽝스럽게 보일 것을 전혀 신경 쓰지 않기 때문이다. 우리 인간이 개보다 훨씬 더 우스꽝스럽기 때문이다.

18

거대한 울부짖음

몇 년 전 파리 퐁피두센터에서 열린 아티스트 피에르 위그의 전시에 암캐 한 마리가 어슬렁거렸다. 그것은 포덴코(포덴코 이비센코는 전형적인 원시 견종의 모습이 현재까지 전해지는 대표적 사례다. 고대 이집트 파라오의 무덤과 박물관에 포덴코 이비센코를 묘사한 그림이 발견되면서 기원전 3400년경에도 존재했다는 사실이 입증되었다—옮긴이)라는 견종으로, 원시시대에 아누비스, 홀로틀, 스핑크스 옆에서 발견되던 개였다. 그런데 이집트와 아즈텍 신들과는 정반대로, 피에르 위그의 이비센코는 전체가 흰색이고 발 하나만 강렬한 분홍색을 칠한 개였다. 기이한 문명의 신호가 새겨진 그 개는 죽음에서 삶으로 반대 방향의 길을 가는 개를 닮았다.

그런데 우리를 혼란스럽게 만든 것은 이 개의 이름이 '휴먼'이었다는 것이다. 그 작품은 이 둘, 작품 혹은 관람자 중 누가 동물인지 스스로 묻게 한다. 설사 그것이 한 인간 앞에 제기된 '내가 누구인가?'라는 스핑크스의 질문에 지나지 않는다 해도, 그 답은 기묘하게도 '나는 개다'가 틀림없고, 그 질문이 개에게 주어진다면 대답은 정반대로 '나는 인간이다'가 되지 않을까?

알베르토 자코메티는 왜 개를 조각하는지 물었던 장 주네에게 답했다. 자신은 그저 **걷고 있는 인간**을 조각했을 뿐이라고. "그것이 나이기 때문이오. 어느 날 나는 거리에서 나 자신을 그렇게 보게 되었소. 나는 개였으니까." 윌리엄 웨그먼의 그 유명한 사냥견 만 레이는 자신의 초상을 응시할 때 자신에 대해 이렇게 말하는 것 같다. "내가 바로 그 만, 레이요"(사진가 윌리엄 웨그먼이 키우는 독일산 바이마라너의 이름은 미국의 화가이자 사진작가 만 레이의 이름과 같다—옮긴이).

코마이누 같은 고대의 개들은 단지 세계의 이중성을 알리기 위해 둘이 된 것이 아니다. 그들은 우리에게, 인간과 개가 거울을 보듯 거꾸로 서로를 수태한다는 것을, 혹은 더 엄밀히 말하면 가상의 개와 실제의 개, 이 두 개 사이에서 침식된 공(空)의 장소에 인간이 등장한 것임을 상기시키기 위해 둘이 되었다. 이 둘은 그런 식으로 자신의 이미지와 울부짖음, '아'와 '음'을 무한히 주고받았다.

싯다르타의 눈사자가 포효했을 때, 그것은 '거대한 공'(空, *sunyata*)을 들려준 것이며, 카르마에 의한 각성의 순간, 즉 만물의 비존재를 깨달을 때 인생의 의미가 회복된다는 사실을 의미한다. 하지만 공은 무(無)와는 다르다. 개의 울부짖음은 하나의 막을 두르는 것이며, 자아에 대한 인식이 그가 쪼갠 공의 마음에 이르게 해준다. 온 우주는 그런 방식으로, 최초의 거대한 개에 의해, 빅뱅과도 같은 첫 번째 거대한 울부짖음(big bang, big bark)에 의해 창조되었을 것이다. 그것은 태반의 막을 관통하는 신생아의 첫울음 같은 것이다.

아마도 자아는 우주의 초기에, 이미 일종의 순환, 원자의 내재성을 규정하는 전자의 운동과 더불어 태어났으리라. 아마도 지상의 빵 부스러기가 지구의 내적 자아를 결정지을 것이다. 물의 장력은 대양의 자아다. 면역 체계, 그것은 신체의 생물학적 자아다. DNA에 새겨진 정보들은 생물의 상징적 자아다… 아마도 개는 개인 존재의 경계를 허물어뜨리는 거대한 역사에서 최종 단계에 있을 것이다. 출애굽기에서 애굽을 벗어나려는 모세와 이스라엘 백성들을 개들이 지나가게 해주었던 것처럼, 이번에는 우리가 '그 증인'을 붙잡아야 한다.

사실상 개는 그들의 역사를 이어가기 위해, 그들과 더불어 모든 동물의 역사를 이어가기 위해, 우리를 신뢰하는 것이다. 비단 개만이 아니라 모든 동물이 우리를 주시하고 있으며, 모든 동물이 개들의 즐거움에 동참하고 있다. 거대한 원숭이들도 즐겁기 그지없다. 새들도 허세를 부리며 개처럼 행동할 수 있다. 말들도 감사를 표현할 수 있다. 심지어 벌레조차도 애정을 가질 수 있는지 없는지 누가 알겠는가. 그들은 개에 비하면 일부를 알고 있다. 그들은 보여주기는 하지만 확실히는 아니다. '동물' 안에는 아니마, 영혼, 정신이 있다. 개와 같은 동물만이 아니라 식물, 심지어 돌멩이들도 우리 인간을 신임하는데, 그것은 지구의 운명을 완수하고, 계절의 순환을 이어가고, 생과 사의 균형을 지키고, 다시 말해 엘레시우스와 부활절 비의를 보호하기 위한 것이다. 정신의 비의 말이다. 만일 모든 존재의 거대한 기쁨을 손상시킬지도 모르는 유일한 한 가지가 있다면, 그것은 바로 우리 인간이 그들의 기대 수준에 미치지 못한다는 점이다. 우리에게 짐승에 대한 의무가 있다면 그것은 궁극적으로 동물들을 고통으로부터 보호하는 것이다. 안타깝게도 인생이 '영혼의 골고다 언덕'이 되지 않도록 할 수는 없지만(헤겔), 그저 동물들이 우리에게 보내는 희망을 배신하지 않는 것 외에 다른 길은 없기 때문이다.

피니시 하운드, 핀란드에서 대표적인 여름 사냥견.

19

개의 손에 달렸다

클리포드 시맥의 미래 소설 《시티》에는 인간 본성을 바라보는 그 시대의 비관주의가 인장처럼 새겨져 있다. 인류가 과업을 게을리했으니 최후의 순간에 그 여파를 고스란히 겪는 것을 각오해야 하지 않을까? 아마도 우리는 개를 배신했을 것이다. 우리가 지구를 그리워하는 걸 보면 말이다. 하지만 우리 외에 그 누가 그 일을 더 잘한단 말인가?

시맥의 예측이 어떠하든지 간에 개는 우리를 다시 구원하지 못할 것이다. 대신 우리가 개가 되어 스스로 구원할 것이다. 미래가 개의 손에 달려 있다는 것이 시맥의 전망에 담긴 심오한 의미로 보인다. 우리가 미래의 우리 뒤를 이을 존재를 잉태하는 산파이자 개(kuo)가 될 수 있다면, 그렇다면 역사는 멈추지 않을 것이다. 그러면 우리는 우리의 탄생에 걸맞은 존재, 우리 스스로를 잉태하기 위해 필요한 모든 고통이라는 빚을 진 존재가 될 수 있을지도 모른다.

1954년, 살바도르 달리는 '원자로 주기적인 변신을 하는 다섯 개의 몸 앞에서 관조하는 누드화, 그 안에서 느닷없이 갈라의 얼굴로 변모한 레다의 등장'이라는 타이틀을 단 그림을 그렸다. 일종의 우주적 방문에 해당하는 이 그림의 오른쪽 구석에는 얼룩덜룩한 개 한 마리가 누워 있는데, 달리는 이것을 그 몇 년 전에 이미 그려놓았었다고 한다. 그 개는 성이 결정되기 이전의 관조하는 태아 상태로 표현되어 있다. 이 개는 '우주적 아이'이며, 자연과 계약을 완수하기 위해 우리는 그것이 현재 존재한다는 것을 알아야 한다.

〈공각기동대〉는 인공지능에게 추월당한 인간을 다룬 만화로 '우주적 개'가 여러 상황에서 등장한다. 그 개는 원작자 오시이 마모루가 키우던 가브리엘이라는 이름의 바셋하운드를 원형으로 만든 것이다. 마모루는 개가 우리의 변화 과정에서 어떤 역할을 하고 있다는 것을 보여주려고 했다. 그 역할이란 바로 새로운 본성을 지닌 자아를 가능케 하는 것이라고 말할 수 있다.

인공지능에 대한 탐색과 연구는 놀라운 진보를 거듭했고, 그럼에도 불구하고 의식의 문제 앞에서 늘 딜레마에 부딪히고 있다. 인간은 컴퓨터를 실제 지능을 가진 존재로 만드는 데는 성공하지 못했다. 기계의 기적에 가까운 각성을 이끌었던 코드 한 줄도 쓰게 하지 못했다. 가브리엘은 그 원인에 대해 다음과 같은 사실을 상기시켜준다. 의식은 최고의 정교함을 자랑하는 알고리즘이 아니라는 것, 지능이라는 케이크 위의 체리 같은 것이 아니라는 것, 의식은 그저 뇌의 최고 수준의 기능이 아니라는 것. 의식은 정신, 막의 육체이며, 의식은 그것의 개이자 성기다. 그것은 지능이 아니라 욕망이다. 왜냐하면 오이디푸스가 우리를 위해 해결해준 수수께끼의 열쇠가 그것이기 때문이다. 인간은 욕망을 가진 동물이며, 보이지 않는 날개가 인간이라는 동물을 서 있게 해준다.

최초의 인공지능은 개가, 더 정확히는 개처럼 영리하게 생각하는 인간이 만들 것이다. 그 인공지능의 의식이 프로그램 구성에 포함되어야 하며, 막의 형태, 막 내부의 코드를 보호하는 동시에 기계가 서 있도록, 발기하도록 도와주는 면역 체계 형태를 갖추어야 한다.

안드레아 델 베로키오, "토비야와 천사", 런던 내셔널갤러리.

20

천사의 몸을 한 개

성경에 숨겨진 또 다른 개가 있다. 너무 짧게 나오고 빨리 지나가서 놓치기 쉽다. 외경인 토비서 6장에서, 라파엘 천사가 토비 앞에 나타나는 장면이다. 라파엘은 토비의 아버지의 눈을 낫게 해줄 향유가 있는 쪽으로 그를 데려간다. 그곳에서, 난데없이 개 한 마리가 나온다. "아이가 천사와 함께 떠났으며, 개가 뒤를 따르고 있다"라고 간략히 기술되어 있다.

이 장면으로부터 영감을 받아 그린 그림에서 베로키오는 사물의 순서를 기묘하게 역전시킴으로써 이 '등장'의 열쇠를 전달하고 있는 것 같다. 그림 속에서 천사와 함께 나오는 개는 천사보다 '앞서' 있으며, 아이가 그 뒤를 따르고 있다. 게다가 흰색의 복슬개는 거의 투명하게 그려져 있어 개의 털 뒤 풍경이 거의 식별될 정도다. 문자 그대로 천사의 몸을 한 개다.

그리스 신화에서 '천사'라는 단어는 안젤리아라는 이름의 여성을 가리킨다. 그녀는 어머니이자 신들의 여왕 헤라에 의해 올림푸스 산에서 쫓겨나 출산중인 여자의 방에 숨는다. 그리고 이후에는 죽어서 염을 마친 자의 방에 숨게 된다. 결국 그녀는 아케론이라는 저승의 삼도내에서 정화되고, 거기에서 다시 태어나 지옥 여왕의 조수가 된다. 지옥 여왕은 아르테미스, 헤카테, 페르세포네, 사냥의 여신, 메신저 등 번갈아가며 여러 모습으로 나타난다. 즉 안젤리아의 얼굴에는 개의 모든 일면이 새롭게 결합되어 있다. 임신한 여성의 보호자, 죽은 자의 염을 해주는 자, 강을 건너게 해주는 뱃사공, 인간을 번식시키는 자. 토비와 라파엘을 이끌어준 천사. 그것이 안젤리아이며, 그들을 따르는 작은 복슬개가 의미하는 것이다. 베로키오가 하필 그들 앞에 개를 그린 의미를 어떻게 지나칠 수 있겠는가? 모든 개는 천사나 다름없으며, 모든 천사들의 성을 알 수 없다는 점이 스핑크스와 연결되지 않는가!

개를 갖는다는 것은 천사를 갖는 것이다. 내가 키운 개는 바셋하운드였다. 드루피가 그랬듯 진중하고 깊이 있는 즐거움을 누렸고, 체구가 크고 무거웠으며, 가브리엘처럼 지상의 신성을 지닌 개였다. 인터넷에서 '마르틴 루터'라는 특이한 이름의 개가 태어났다는 소식을 접한 바로 그 해에 나는 프랑스 오리악 지방의 산으로 그 개를 만나러 갔다. 그곳에서 나는 어떤 계시를 발견하고 싶었던 것 같다.

내 생각은 틀리지 않았다. 나의 개가 이 세상에 머물다 간 짧은 시간은 내 인생에서 변곡점이 되었다. 그는 내게 자연의 문을 열어주었다. 과거 불쌍한 유물론자였던 나는 영혼을 거부했을 뿐 아니라 가련한 지식인으로서 영혼과 욕망을 제대로 이해하지 못하고 살았다. 그런데 나의 개가 엘레시우스 비의의 또 다른 이름, 존재와 사유가 하나가 되는 신비롭고 '충만한' 관점을 열

파울 클레, "새로운 천사", 예루살렘 이스라엘박물관.

어주었다. 그는 나와 즐거움의 비밀을 나누었다. 그러므로 이제 나는 우리 앞에 당도한 '새로운 천사들'이 더는 두렵지 않다.

발터 벤야민은 이렇게 썼다.

클레가 그린 "새로운 천사"(Angelus Novus)라고 불리우는 그림이 하나 있다. 이 그림의 천사는 마치 그가 응시하고 있는 어떤 것으로부터 금방이라도 멀어지려고 하고 있는 것처럼 보이도록 묘사되어 있다. 그 천사는 눈을 크게 뜨고 있고, 그의 입은 열려 있으며 또 그의 날개는 펼쳐져 있다. 역사의 천사도 바로 이렇게 보일 것임에 틀림없다. 우리들 앞에서 일련의 사건들이 그 모습을 드러내고 있는 바로 그곳에서 그는, 잔해 위에 또 잔해를 쉬임없이 쌓이게 하고 또 이 잔해를 우리들 발 앞에 내팽개치는 단 하나의 파국을 바라보고 있다. 천사는 머물러 있고 싶어하고, 죽은 자들을 불러 일깨우고 또 산산이 부서진 것을 모아서는 이를 다시 결합시키고 싶어한다. 그러나 천국으로부터는 폭풍이 불어오고 있고, 또 그 폭풍은 그의 날개를 꼼짝달싹 못하게 할 정도로 세차게 불어오기 때문에 천사는 그의 날개를 더 이상 접을 수도 없다. 이 폭풍은, 그가 등을 돌리고 있는 미래 쪽을 향하여 간단없이 그를 떠밀고 있으며, 반면 그의 앞에 쌓이는 잔해의 더미는 하늘까지 치솟고 있다. 우리가 진보라고 일컫는 것은 바로 이러한 폭풍을 두고 하는 말이다.•

나는 그 천사 역시, 아니 이 천사가 바로 흥분하여 주인 앞을 달려가는 개라는 점을 덧붙이고 싶다. 그 개는 재앙이 우리를 따라오지 않는지 주인의 어깨 위를 쉬지 않고 감시한다. 이 개가 바로 당신의 왕이다.

● 발터 벤야민, 《발터 벤야민의 문예이론》, 반성완 역(민음사, 2005), p. 348.

감사의 말

루터(†•), 에크하르트, 바르트, 홀리, 이글루, 릴루, 파피, 코슈카, 맥스(†), 브루투스(†), 휴먼, 토비아스, 헤르만, 부머, 무즈, 비기, 포테이토, 오크라, 밀크(†), 그 외 많은 분들에게 감사를 전한다.

이 책을 여러 차례 읽어준 마르탱 베테노드, 마리안 알팡 그리고 토마 르펠티에에게, 신뢰를 보여준 로랑 드 수테르, 브륀 콩파뇽 자냉에게도 고마운 마음을 전한다.

켈트 그레이하운드협회, 에크하르트에 대해 알려준 마리옹 이비, 그리고 개 본연의 즐거움을 다시금 되찾을 수 있도록 개들에게 도움의 손길을 보내준 모든 이들을 잊지 못할 것이다.

• 일명 칼표로, 사망이나 멸종을 나타내기 위해 사용된다.

찾아보기

사람 이름